OTTO NICOLAI

DIE LUSTIGEN WEIBER VON WINDSOR

Komisch-phantastische Oper
in drei Aufzügen
nach Shakespeares gleichnamigem Lustspiel
von
Hermann S. Mösenthal

Vollständiges Buch
Neu herausgegeben und eingeleitet von
Wilhelm Zentner

PHILIPP RECLAM JUN. STUTTGART

Universal-Bibliothek Nr. 4982
 Gesetzt in Petit Garamond-Antiqua
Printed in Germany 1975. Herstellung: Reclam Stuttgart
ISBN 3-15-004982-2

EINLEITUNG

Das dramatische Genie William Shakespeares (1564 bis 1616) hat nicht nur die Schauspielbühne befruchtet, auch die Oper dankt dem englischen Dichter manche Anregung, manchen Stoff. Als Shakespeare, vermutlich im Jahre 1599, das Lustspiel „Die lustigen Weiber von Windsor" schrieb, griff er mit dem Haupthelden John Falstaff auf eine Figur zurück, die bereits in den beiden Teilen des Königsdramas „Heinrich IV." erschienen war. Nach einem späteren Zeugnis entsprach er damit einem Wunsche der Königin Elisabeth, die den dicken Ritter, Zechbruder und Schuldenmacher in einem eigenen Stück, und zwar diesmal in der Verstrickung eines komischen Liebeshandels, zu sehen verlangte.

Die Oper hat sich den Komödienstoff erst in der zweiten Hälfte des 18. Jahrhunderts zunutze gemacht. Nach den verdienstvollen Forschungen Georg Richard Kruses erschien am 7. Dezember 1761 in der „Comédie italienne" in Paris ein Singspiel „Le vieux coquet ou Les deux amies" („Der alte Geck oder Die beiden Freundinnen"), dessen Musik von dem Violinisten des Theaters Papavoine stammte. Aber Falstaffs erster Schritt auf die Opernbühne endete mit einem Durchfall, den das miserable Libretto verschuldet hatte. 1794 gab man in Mannheim das Singspiel „Die lustigen Weiber", Text von dem vielgewandten Georg Christian Römer (1766—1809), der in dem damals hochgeschätzten Peter Ritter (1763 bis 1846) seinen Vertoner gefunden hatte. Mehr als ein lokaler Erfolg scheint sich nicht eingestellt zu haben. Dafür wurde aber das Libretto nochmals in Musik gesetzt, und zwar von Mozarts Rivalen Karl Ditters von Dittersdorf (1739—1799), der seine Arbeit am herzoglich-braunschweigisch-oelsischen Hoftheater 1796 aufführen ließ. Stärkere Beachtung fand eine weitere, am 3. Januar 1799 im Wiener Theater nächst dem Kärntnertor erstmals dargestellte Bearbeitung „Falstaff" oder „Der dreima

Gefoppte“, zu der sich der Textdichter Karl Prosper Defrancèschi und der Komponist Antonio Salieri (1750 bis 1825) vereint hatten. Ein weiterer Italiener, Saverio Mercadante (1795—1870), versuchte sich gleichfalls am Falstaff-Stoff in der auf Shakespeares „Heinrich IV.“, nicht auf die „Lustigen Weiber“ zurückgehenden „Gioventu di Enrico V.“ („Die Jugend Heinrichs V.“), Text von Felice Romani. Das Werk zählte nicht zu den Erfolgsopern des modebeliebten Meisters. Vier Jahre später hatte sich der englische Komponist Michael William Balfe (1808—1870) an einen „Falstaff“ (Text von Maggioni) gewagt, in dessen Londoner Premiere am 19. Juli 1839 kein Geringerer als der berühmte Bassist Lablache die Titelrolle verkörperte. Es handelte sich um ein Werk in ausgesprochen italienischem Geschmack, was auch auf die Gestaltung der Handlung und des Textes nicht ohne Einfluß bleiben konnte.

Damit sind die Vorgänger von Otto Nicolais Oper „Die lustigen Weiber von Windsor“, soweit bekannt, aufgezählt. Ist aus dem dramatischen Schaffen des Komponisten heute auch nur noch dieses einzige Werk lebendig, so genügt es doch vollauf, Otto Nicolai einen ersten Platz unter den Meistern der komischen Oper anzuweisen; es steht in einer Linie mit „Der Widerspenstigen Zähmung“ von Hermann Goetz, dem „Barbier von Bagdad“ von Peter Cornelius und Hugo Wolfs „Der Corregidor“, mit denen es auch das verwandte Schicksal künstlerischen Einzelgängertums teilt.

Otto Nicolai, der Sänger so frohgemuter und zugleich gemütsinniger Weisen, hat, am 9. Juni 1810 in Königsberg i. Pr. geboren, eine Jugend durchlitten, die in ihrer Härte und Freudlosigkeit kaum dazu berufen schien, ihn an des Daseins Sonnenseiten glauben zu lassen. Früh trennt sich die Mutter von dem unsteten, haltlosen Vater, in dessen Hand fortan die Erziehung des Knaben ausschließlich liegt. Selbst die Musik, der er sich zunächst froh erschlossen hatte, wird durch die Brutalität der Unterweisung zur Qual. Der alte Nicolai will ein Wunderkind erzwingen. Ein erster Fluchtversuch des Zwölfjährigen mißlingt. Man bringt den Ausreißer ins

Vaterhaus zurück. Vier Jahre später hat er einen besseren Erfolg. Mit nur einem Taler und seinem klavieristischen Talent in der Tasche macht sich Nicolai auf die Wanderschaft, bricht unterwegs vor Hunger und Übermüdung zusammen, schlägt sich aber schließlich nach Berlin durch. Hier genießt er, unermüdlich an seiner Weiterbildung arbeitend, den Unterricht des alten Zelter sowie Bernhard Kleins. In der Singakademie tritt er mehrfach als Oratoriensänger hervor. Berlins beste Häuser öffnen sich dem jungen Mann, der sich zugleich als Liederkomponist versucht. Am 13. September 1831 empfiehlt ihn Zelter seinem Freunde Goethe: „Ein junger Mann meiner Jünger, Otto Nicolai, hat sich recht hübsch im Gesange ausgebildet und manche Deiner Gedichte aufs anmutigste in Musik gesetzt. Diesem habe ich eine Empfehlung an unsre Ottilie mitgegeben und sie gebeten, Dir den kleinen Mann vorzustellen. Auch meine Kleinigkeiten singt er mir ziemlich zu Dank, was ich recht zu erkennen habe, da ich durch ihn weiß, daß es nicht an mir liegt, wenn es manchem nicht munden will. Hättest Du nun eine läßliche Stunde, den jungen Mann anzuhören, so dürft' ihm das zeitlebens Freude machen."

Dank der in Berlin geknüpften Beziehungen gelingt es Nicolai im Jahre 1833, die Organistenstelle an der preußischen Gesandtschaft in Rom zu erhalten. Jedoch die evangelische Kirchenmusik, für deren künstlerische Erneuerung ihn sein Gönner, der preußische Ministerresident in Rom, Karl von Bunsen, besonders befähigt erachtet hatte, tritt auf italienischem Boden allmählich hinter dem Interesse für die Oper zurück, besonders nachdem Nicolai die Aufmerksamkeit und Ermunterung Donizettis, später auch Rossinis gewonnen hatte. Er erhält Aufträge für italienische Bühnen und schreibt vier italienische Opern, von denen ihn hauptsächlich „Il Templario" (1840), der mit Marschners deutsch-romantischem „Templer und Jüdin" den Stoff gemein hat, zum anerkannten Manne macht. Eine zweite italienische Oper „Il Proscritto" (1841) hat hundert Jahre nach ihrer Entstehung in einer deutschen Neubearbeitung unter dem Titel „Mariana" Widerhall geweckt.

Im Jahre 1841 findet Nicolai ein Unterkommen an der Wiener Hofoper, wo er bereits einige Jahre vorher, allerdings in weniger bedeutender Stellung, gewirkt hatte. Seine Dirigentenerfolge beschränken sich keineswegs auf das Theater; im Konzertsaal wird Otto Nicolai zum Begründer der Wiener Philharmonischen Konzerte, die er zur ersten Blüte führt. Als Hofkapellmeister war er außerdem verpflichtet, deutsche Opern für sein Institut zu komponieren. Dem Mangel an brauchbaren Textbüchern sucht er zunächst durch ein Preisausschreiben abzuhelfen; allein er kam damit nicht zum gewünschten Ziel. „Wo soll man Textbücher hernehmen", ruft er verzweifelt aus, „in einem Lande wie diesem, wo erstens keine Dichter existieren, die von der richtigen Anfertigung solcher Arbeit auch nur einen leisen Begriff haben, und wo vor allem für neue Opern nichts getan und so gut wie nichts gezahlt wird? Deutschland nimmt lieber die schlechteste italienische oder französische Oper hin, als daß es für eine deutsche Oper etwas zahlt. Somit verdient es keine deutsche Opernliteratur, besitzt auch keine und wird schwerlich eine erwerben, bis das Gouvernement für diesen Zweig der Kunst etwas tun wird, wie es in Frankreich und Italien geschieht. Trauriges, trauriges Los, ein deutscher Opernkomponist zu sein!" Derartige Stoßseufzer waren noch möglich fünfzig Jahre nach dem Erscheinen der „Zauberflöte", fünfzehn Jahre nach der Uraufführung des „Freischütz"!

Aber unverdrossen ging Nicolai auf die Stoffsuche. Sie führte ihn, den feingebildeten, wohlberatenen Geist, durch die Bereiche der Weltliteratur. Bald versenkte er sich in die italienische, bald in die spanische Dramatik, um schließlich auf dieser Erkundungsreise bei Shakespeare zu landen. Auf dessen Lustspiel „Die lustigen Weiber von Windsor" hatte ihn der deutsche Übersetzer des „Templario", Siegfried Kapper, hingewiesen. Zunächst schreckte Nicolai vor der Größe der Aufgabe zurück; meinte er doch, dem Range des britischen Dichters sei einzig Mozarts Genie gemäß. Allein der Gedanke an die Vertonung des Stückes ließ ihn nicht mehr los. So reifte der Entschluß, Shakespeares Werk zur Grundlage einer komischen Oper zu machen. Wien erschien Nicolai als ein besonders günstiger Boden für ein Kind der heiteren Muse.

Er machte sich „mit vieler Überlegung" selbst einen Plan, wandte sich aber dann an den Schriftsteller Jakob Hoffmeister (1813—1893), der ihm die für die Musiknummern unumgänglichen Verse fertigen sollte. Mit dem Sprechdialog, an dem er aus ähnlichen Gründen wie Albert Lortzing festzuhalten gedachte, weil er die mangelnde Eignung des deutschen Sängers für die Anforderungen des Secco-Rezitativs kannte, hoffte Nicolai selbst zu Rande zu kommen. Hoffmeister entwarf zwei Musiknummern: ein eröffnendes Duett und Terzett für Frau Fluth, Frau Reich und Frau Hurtig sowie ein Männerterzett zwischen Fluth, Reich und Bardolph. Beide Stücke sind von Nicolai komponiert, später jedoch wieder verworfen worden, nachdem Hoffmeister Wien verlassen und der Komponist in Hermann Salomon Mosenthal (1821—1877) einen neuen Textautor herangezogen hatte. Immerhin dürften in dem heutigen Duett Nr. 1 („Nein, das ist wirklich doch zu keck") Reste Hoffmeisterschen Gedanken- und Sprachgutes stecken.

Mit Hermann Salomon Mosenthal, dem späteren erfolgreichen Verfasser der Volksstücke „Deborah" und „Der Sonnwendhof", hatte Nicolai eine gute Wahl getroffen. Die librettistische Begabung dieses Autors hat sich nachher noch in den Textbüchern zu Ignaz Brülls „Goldenem Kreuz" und zu Goldmarks „Königin von Saba" bestätigt. Aber auch der Anteil des Komponisten an der dramaturgischen und sprachlichen Gestaltung des Buches war beträchtlich. Der Personenreichtum des Shakespeareschen Originals wird im Hinblick auf die anders gelagerten Verhältnisse der Oper wesentlich verringert, denn „jede Person, die erspart werden kann, ist ein Risiko weniger". Die Handlung wird von fünf auf drei Aufzüge zusammengezogen. Ein Mangel des Librettos gründet darin, daß der zweite Aktschluß die Situation des ersten abschwächend wiederholt, was auch auf die Komposition einige Rückwirkungen gezeitigt hat. Nicht ganz glücklich sind überdies die Dialogbeginne des zweiten und dritten Aktes, zumal der sonst übliche musikalische „Entr'act“ fehlt. Davon abgesehen kann man „Die lustigen Weiber von Windsor“ als brauchbares, stellenweise wirkungsvolles Opernbuch bezeichnen, vor allem in der frischen Art des Anlaufes, der den Zuschauer ohne lange Exposition mitten in die Handlung hinein versetzt.

Die Hoffnungen des Komponisten, sein Werk in Wien zur Uraufführung zu bringen, sollten sich nicht erfüllen. Obwohl er dem Direktor der Hofoper, Balochino, schon im Herbst einen Teil der Musik unterbreiten konnte, war dieser zu keiner Annahme zu bewegen. Es kam sogar zu direkter Ablehnung, so daß Nicolai schließlich nichts anderes übrigblieb, als der kaiserlichen Residenz den Rücken zu kehren. Im Herbst 1847 folgte er einem Ruf nach Berlin, wo er das Amt eines Kapellmeisters an der Hofoper mit der Direktion des Domchors vereinte. In einem Hofkonzert brachte der Komponist das Eingangsduett aus den „Lustigen Weibern“ zu Gehör. Die Kostprobe hatte König Friedrich Wilhelm IV. so gefallen, daß er die Aufführung der ganzen Oper in seinem Theater befahl. Abermals kam es zu Verzögerungen. Die Märzrevolution von 1848 verdrängte vorläufig die Musikinteressen, und erst ein Jahr später, am 9. März 1849, konnten „Die lustigen Weiber von Windsor“ auf die Bretter gelangen. Am Dirigentenpulte saß der Komponist persönlich. Schon nach der Ouvertüre war die Entscheidung gefallen. Unterstützt wurde die begeisterte Aufnahme durch eine glückliche Besetzung der Hauptrollen. Es war Otto Nicolai nicht mehr beschieden, die Erfolge, die seine Schöpfung bald auch an anderen Bühnen im In- und Ausland ernten sollte, zu genießen. Am 11. Mai 1849 setzte ein Gehirnschlag seinem Dasein ein plötzliches Ende. Am gleichen Tage sprach der König Nicolais Ernennung zum Mitglied der Akademie der Künste aus, eine Ehrung, die ihren Träger nicht mehr erreichte. Nicolais früher Abruf war ein unersetzlicher Verlust für die deutsche Oper. Welche Bereicherung wäre dem Spielplan widerfahren, hätte ein längeres Leben den Meister instand gesetzt, noch weitere Werke von der anmutsvollen Heiterkeit der „Lustigen Weiber von Windsor“ zu schaffen.

Elemente der italienischen Opera buffa, die in Formgebung und Instrumentierung vielfach durchschimmern, verschmelzen in dieser Partitur mit Wesenszügen der deutschen musikalischen Romantik, so daß der Reiz einer Mischung entsteht, die in solcher besonderen Zusammensetzung noch kaum erzielt worden war. Dafür liefert bereits die aus dem Themenbestand der Oper gebildete, hervorragend instrumentierte, Humor und Poesie in unnachahmlicher Weise ineinander verwebende Ouvertüre einen glänzenden Beweis. Von deutschen Vorbildern haben außer Mozart vor allem Weber und Lortzing auf Nicolais Tonsprache eingewirkt, ohne den Grundstand einer persönlichen Note zu bedrohen. Die Tugenden der Anmut, der sprühenden Laune, aber auch zarter Poesie bilden die Lebensadern dieser wohlproportionierten Partitur, die ihre Krönung im ersten Finale findet, das man erst einmal in allen Feinheiten seiner Faktur durchkosten muß, um es in seiner ganzen Genialität zu erfassen. Mozart wahlverwandt zeigt sich Nicolai auch in der Fähigkeit, ein sprechendes Charakterbild seiner Figuren mit den Mitteln der Musik zu entwerfen, wie der übermütigen, jedoch stets selbstsicheren Frau Fluth, deren Koloraturen zum Sinnbild ihres kapriziösen Wesens werden, ihres bis an die Grenzen der Tragikomik eifersüchtigen Gatten, des bald aufgeblasenen, bald weinseligen oder lüsternen Falstaff, des kümmerlichen Junkers Spärlich oder des Cholerikers Cajus. Auf spätere musikdramatische Gestaltungsprinzipien deutet bereits das Rezitativ Nr. 6 „Gott grüß Euch, Sir“ hin, dessen freier Fluß durch geistvoll eingefügte A-tempo-Stellen reguliert wird. Falstaffs zu des Basses Grundtiefen hinabsteigendes Trinklied „Als Büblein klein an der Mutter Brust“, textlich eine Nachbildung des Narrenliedes aus Shakespeares „Was ihr wollt“, das hinreißende Buffoduett „Wie freu ich mich“, in anderem Sinne auch Fentons schwärmerische Romanze „Horch, die Lerche singt im Hain“ haben große Volkstümlichkeit erlangt. Eine einzigartige musikalische Bühnensituation ergibt das Zankduett des Ehepaares Fluth mit seinem launigen Widerspiel von lachendem Übermut und dumpfer Wut. Im Parkbild des letzten Aufzuges scheint ein Wunschbild des romantischen Dichters und Musikers E. T. A. Hoffmann verwirklicht, der für die komische Oper die Forderung einer Kombination phantastischer und alltäglicher Momente aufgestellt hatte. Man hat beklagt, daß „Die lustigen Weiber" nicht eigentlich stilbildend für die Weiterentwicklung der komischen Oper in Deutschland gewirkt haben; allein vielleicht fühlte man das Einzigartige, Unwiederholbare eines Wurfes, der beim Versuch der Nachahmung vermutlich im Äußerlichen steckengeblieben wäre.

Diese Einzigartigkeit ist zugleich der Grund, weshalb Nicolais Werk den künstlerischen Wettstreit mit Verdis stoffgleichem „Falstaff" zu bestehen vermochte. Beide Schöpfungen sind nämlich, wie jedes Eigengewächs, im tiefsten Grunde unvergleichbar. Verdis Musikkomödie stellt die Spätlese eines durch die Erfahrung des Lebens wissend gewordenen Humors dar; bei Nicolai streut ein jugendlich unbekümmertes, mehr noch an des Daseins Außenflächen haftendes Lebensgefühl verschwenderisch Melodien aus, die mit naivem Herzen genossen werden können. Bei dem Italiener begegnet nicht mehr so viel unmittelbares Melos, dafür die sublimere Geistigkeit. Bei dem deutschen Komponisten schwärmen, schwelgen und frohlocken Geister unbeschwerter Laune, während sich Verdis tiefsinniger Humor nur demjenigen offenbart, den es nach Grund und Wesen der Dinge verlangt. Nicolais Oper ist zu ihrem Verständnis an keinerlei Voraussetzungen gebunden; Verdis Komödie wendet sich an den Kenner, den Feinschmecker. Freuen wir uns des einen wie des anderen Werkes, dankbar für das Glück, beide zu besitzen!

Wilhelm Zentner

REIHENFOLGE DER MUSIKNUMMERN

Ouvertüre

Erster Aufzug

Nr. 1. Duett: Frau Fluth, Frau Reich
Nr. 2. Rezitativ: Reich, Spärlich, Dr. Cajus
Duett: Fenton, Reich
Nr. 3. Rezitativ und Arie: Frau Fluth
Nr. 4. Finale: Frau Fluth, Frau Reich, Falstaff, Fluth, Reich, Spärlich, Dr. Cajus, Chor

Zweiter Aufzug

Nr. 5. Trinklied: Falstaff, 1. Bürger, Männerchor
Nr. 6. Rezitativ und Duett: Falstaff, Fluth
Nr. 7. Szene: Spärlich, Dr. Cajus
Romanze: Fenton
Duettino: Anna, Fenton
Quartettino: Anna, Fenton, Spärlich, Dr. Cajus
Nr. 8. Duett: Frau Fluth, Herr Fluth
Nr. 9. Finale: Frau Fluth, Frau Reich, Fluth, Reich, Falstaff, Spärlich, Dr. Cajus

Dritter Aufzug

Nr. 10. Ballade: Frau Reich
Nr. 11. Rezitativ und Arie: Anna
Nr. 12. Intermezzo (Mondaufgang): Chor (hinter der Szene)
Nr. 13. Terzettino: Frau Fluth, Frau Reich, Falstaff
Nr. 14. Ballett und Elfenchor: Anna, Fenton, Reich, Frauenchor
Nr. 15. Mückentanz: Spärlich, Dr. Cajus, Falstaff, Reich, Frauenchor
Nr. 16. Allgemeiner Tanz und Chor: Reich, allgemeiner Chor
Nr. 17. Finale (Terzettino): Frau Fluth, Frau Reich, Anna, Falstaff, Chor

KURZE CHARAKTER-ANDEUTUNGEN

S i r J o h n F a l s t a f f, wie bekannt.

H e r r F l u t h. Mann von vierzig Jahren, hager, heftig, sehr eifersüchtig.

H e r r R e i c h. Mann von fünfzig Jahren, korpulent, phlegmatisch.

F e n t o n. Junger Mann von 25 Jahren, Kopf und Herz auf dem rechten Fleck.

J u n k e r S p ä r l i c h. 25 Jahre alt, vertrocknet, schmächtig, süßlich, enge Kleider, gelbes Knebelbärtchen, blonde Haare; ist furchtsam und seufzt viel.

D r. C a j u s. Französischer Quacksalber, Intrigant, Scharlatan, viel Bravour und keine Courage. Karikatur. 30 Jahre.

F r a u F l u t h. Liebenswürdige, lustige, hübsche Frau von 20 Jahren. Im Grunde ehrlich, aber kokett und sehr mutwillig.

F r a u R e i c h. Wohlerhaltene, hübsche Frau von 35 Jahren. Lustig und gutmütig.

A n n a R e i c h. 18 Jahre. Heiter, doch gefühlvoll.

E r s t e r B ü r g e r. Wird beim Trunk ernst. Hat sein Spiel in II, 3 ja nicht zu übertreiben, seine Trunkenheit muß nicht widerwärtig sein.

Z w e i t e r B ü r g e r. Wird beim Trunke immer lustiger.

D r i t t e r B ü r g e r. Karikatur, hinkt, etwas bucklig, spricht halb im Diskant.

PERSONEN

Sir John Falstaff *(Baß)*

Herr Fluth } Bürger von Windsor *(Bariton)*
Herr Reich } Bürger von Windsor *(Baß)*

Fenton *(Tenor)*

Junker Spärlich *(Tenor)*

Dr. Cajus *(Baß)*

Frau Fluth *(Sopran)*

Frau Reich *(Mezzosopran)*

Jungfer Anna Reich *(Sopran)*

Der Kellner im Gasthaus zum Hosenbande *(Sprechrolle)*

Erster } Bürger *(Tenor)*
Zweiter } Bürger *(Sprechrolle)*
Dritter } Bürger *(Sprechrolle)*
Vierter } Bürger *(Sprechrolle)*

Zwei Knechte des Herrn Fluth *(stumm)*

Bürger und Frauen von Windsor. Kinder. Masken von Elfen, Feen und anderen Geistern, Mücken, Wespen.

Ort der Handlung: Die englische Stadt Windsor.
Zeit: Anfang der Regierungszeit König Heinrichs V. (1413—1432).

Uraufführung: 9 März 1849 in Berlin.

Spieldauer: 3 Stunden.

Ouvertüre

(Andantino moderato F-dur 4/4 — Poco piu animato — Allegro vivace 2/4)

ERSTER AUFZUG

Hofraum

Links das Haus des Herrn Reich, rechts das des Herrn Fluth; beide mit praktikablen Türen. Im Hintergrunde ein Staketenzaun mit einer Tür, durch den man die andere Seite der Straße erblickt.

Es ist nachmittags an einem Sommertage.

ERSTER AUFTRITT

Frau Fluth,
einen offenen Brief in der Hand, tritt aus ihrem Hause.

Nr. 1. Duett

Frau Fluth. Nein, das ist wirklich doch zu keck!
Wie kann er es nur wagen,
Der vollgetrunkne dicke Geck,
Mit Liebe mich zu plagen!
Ja, wenn es noch ein Ritter wär',
Fein zierlich — jung an Jahren —
Doch solch ein fetter Gast wie der ...
Da soll mich Gott bewahren!
Hab' ich denn wirklich recht gelesen?
(Sie liest.) „O schönste Frau, wir taugen
Zusammen gar zu gut,
Ihr habt verliebte Augen
Und scheint von heißem Blut ..."
Da hört mir nur den Grobian!
Was gehn ihn meine Augen an?
„Ihr liebt den Sekt, ich lieb' ihn auch!
Ist das nicht Sympathie?"
Was denkt sich nur der alte Schlauch,
Ich, Sekt? — Ich trinke nie!

„Und kurz und gut,
Ich habe Mut,
Ich liebe dich
Herzinniglich,
Bei Tag und Nacht
Für dich bedacht,
John Falstaff!"
Ha, warte nur! Ich will dich Gecken
Für deine frechen Worte necken;
Mit meiner Nachbarin, Frau Reich,
Berat' ich ein Komplott sogleich!

ZWEITER AUFTRITT

Frau Fluth, Frau Reich, die ebenfalls einen Brief in der Hand hält und ihre Nachbarin nicht gleich bemerkt.

Frau Reich. Geschwind zu meiner Nachbarin,
Das Zeug mit ihr zu lesen!
Nein, so ein Schreiben ohne Sinn
Ist nimmer dagewesen! *(Sie bemerkt Frau Fluth.)*
Ach schön! Frau Fluth!
Das trifft sich gut!
Frau Fluth. Frau Reich —
Frau Reich. Zu Euch wollt' ich soeben hin.
Frau Fluth. Und ich zu Euch, Frau Nachbarin.
Frau Reich. Mit diesem Briefchen wunderlich.
Frau Fluth. Mit einem Briefe komm' auch ich!
Frau Reich. Mir schreibt ein ganz kurioser Mann!
Frau Fluth. O lest es mir!
Frau Reich. So hört mich an!
Frau Fluth. O lest, daß ich es hören kann! }
Frau Reich. Ich les' es Euch, so hört es an! }
(Sie liest.) „O schönste Frau, wir taugen
Zusammen gar zu gut —
Frau Fluth *(erstaunt und ihren eigenen Brief nachlesend).* Zusammen gar zu gut —
Frau Reich. Ihr habt verliebte Augen,
Und ... }
Frau Fluth. Und scheint von heißem Blut ... }
Nur fort, nur fort!

Frau Reich. Ihr liebt den Sekt, ich lieb' ihn auch!
Frau Fluth. Den Sekt.
Frau Reich. Ist das nicht Sympathie?"
Frau Fluth. Nur weiter, nur weiter!
Beide. „Und kurz und gut,
Ich habe Mut,
Ich liebe dich
Herzinniglich,
Bei Tag und Nacht
Für dich bedacht,
John Falstaff!"
Welch ein Frevel! *Zweien* Frauen
Stellt der alte Sünder nach!
Mich ergreift Entsetzen, Grauen,
Überdenk' ich mir die Schmach!
Frau Fluth. Aber unsre Weiberehre
Soll sich rächen, guter Freund!
Weiber setzen sich zur Wehre,
List und Rache sei vereint!
Frau Reich. Aber unsre Weiberehre usw. *(Kadenz.)*
Frau Fluth. Was werden wir beginnen?
Frau Reich *(entschlossen)*. Ich sag' es meinem Mann!
Frau Fluth. Seid Ihr nicht recht bei Sinnen?
Wie denkt Ihr nur daran?
Da wär' der Spaß zu Ende,
Bevor man lachen könnte,
Nein, nein, das geht nicht an!
Frau Reich. Nun, wie Ihr wollt!
Frau Fluth. So höret meinen Plan:
Wir locken ihn mit Weiberlist
In eine sichre Falle,
Und wenn er drin gefangen ist,
Verhöhnen wir ihn alle!
Frau Reich. Ja, ja, so sei's!
Beide. Wir locken ihn mit Weiberlist
In eine sichre Falle,
Und wenn er drin gefangen ist,
Verhöhnen wir ihn alle!
So eilen wir sogleich zu Rat
Und heute noch zur schlauen Tat!

Alter, nimm dich jetzt zusammen,
Wir ersinnen feinen Scherz,
Ja, wir kühlen deine Flammen,
Wir kurieren dir das Herz!
List und Laune, heitre Schwänke
Locken dich zu uns heran.
Doch bedenke — tausend Ränke
Harren deiner, armer Mann!
(Sie gehen eilig in das Haus der Frau Fluth ab.)

DRITTER AUFTRITT

Herr Fluth, Herr Reich, Junker Spärlich, Dr. Cajus im Gespräch von der Straße kommend.

Fluth. Nun, liebe Herren, ich denke, ihr tretet bei mir ein; mein Tisch wird wohl leidlich besetzt sein, und ich lade euch alle zum Nachtmahle.

Reich. Entschuldigt mich, Herr Fluth, meine Frau erwartet mich.

Spärlich. Verzeiht auch mir; ich habe die Einladung des Herrn Reich angenommen und möchte um keinen Preis versäumen, in Gesellschaft der süßen Anna zu speisen.

Cajus *(beiseite, mit verächtlichem Blick auf Spärlich)*. Der 'Ans Aff.

Reich. Das ist recht von Euch, Junker Spärlich! Ich sehe es gerne, daß Ihr Euch um meine Tochter Anna bewerbt, und *meine* Einwilligung habt Ihr, obwohl meine Frau für *Euch*, Herr Doktor, stimmt, ich weiß es.

Cajus. Oui pardieu! — Und die Fräulein lieben mir — ik' aben kelesen daß in ihre ßöne Auken!

Spärlich *(beiseite, mit verächtlichem Blick auf Cajus)*. O süße Anna!

Fluth *(zu Cajus)*. Das ist eine trügliche Schrift, mein Freund, die Ihr da gelesen habt! Die Weiber machen leicht überall schöne Augen! Ich weiß das von meinem eigenen Weibe, das ich nicht genug hüten kann! Aber beim Himmel! *(Heftig werdend.)* Wenn ich einmal einen Liebhaber bei ihr ertappe, ich ...

Reich. Schweigt, Nachbar Fluth! Mit Eurer ewigen Eifersucht kränkt Ihr nur Eure tugendsame Hausfrau und macht Euch zum Gelächter!

Fluth. Und Ihr werdet Eurem Weibe so lange alles durch die Finger sehen, bis Ihr den allerschönsten Hauptschmuck herumtragen werdet! — O die Weiber, die Weiber!

Reich. Laßt uns darum nicht streiten; ich weiß es, Ihr seid unverbesserlich. Gehen wir!

Fluth. Guten Abend, liebe Herren! *(Im Abgehen in sein Haus.)* Ich will meine Frau nicht zu lange allein lassen. *(Er geht ab.)*

Reich. Kommt, Sohn Spärlich, die Frauen erwarten uns! *(Er will in sein Haus.)*

VIERTER AUFTRITT

Die Vorigen. Fenton.

Fenton. Vergönnt mir ein Wort, Herr Reich!

Reich *(beiseite)*. Schon wieder dieser überlästige Fenton! *(Laut.)* Was wünschet Ihr?

Fenton. Einen Augenblick allein mit Euch zu reden.

Nr. 2. Rezitativ und Duett

Reich *(zu Spärlich)*.
So geht indes hinein, mein lieber Schwiegersohn,
Ich werde bald Euch folgen.

Spärlich *(im Abgehen in Reichs Haus, mit Karikatur)*.
O süße Anna!

Cajus *(wütend)*. Swiekersohn! Swiekersohn!
Mort de ma vie! Nock sein wir nick so weit!
Ick werde bringen um ce Monsieur Sperlik
Und ick wollen selbst besitzen la belle Anna!
Daß ßwören ick bei alle Teufel! *(Er läuft ab.)*

Reich *(ihm nachsehend)*. Uhu! Der fränk'sche Puter, [der!
Doch was begehret Ihr von mir, Herr Fenton?

Duett

Fenton. Eure Tochter!

Reich *(erstaunt)*. Meine Tochter?

Fenton. Anna, der mein ganzes Herz gehört!
Reich *(für sich)*. Hat man so was je gehört?
Daß ein Habenichts wie dieser
Meiner Tochter Hand begehrt!
Fenton. Mein Vermögen ist bescheiden ...
Reich. Ich weiß es, *(spottend) sehr* bescheiden.
Fenton. Doch ist Liebe mit uns beiden,
Und ich habe Kraft und Fleiß.
Reich. Alles recht, doch ist sie schon ...
Fenton. Glaubt, ich liebe treu und ehrlich!
Reich *(für sich)*. Ha, da ist doch Junker Spärlich
Ganz ein andrer Schwiegersohn!
Fenton. O hört mich!
Wenn Eure Seele je empfunden
Der Liebe ganzes sel'ges Glück,
O so gedenket jener Stunden
Und weist so kalt mich nicht zurück!
Verweigert nicht die höchste Gabe
Und fürchtet spätrer Tage Reu'.
Ich bin nicht reich an Gold und Habe,
Doch bin ich reich an Lieb' und Treu'!
Reich *(für sich)*. Ja der käme mir gelegen!
Spärlich hat ein schön Vermögen —
Eine bessere Partie
Findet meine Tochter nie.
Fenton. Verweigert nicht die höchste Gabe
Und fürchtet spätrer Tage Reu'.
Ich bin nicht reich an Gold und Habe,
Doch bin ich reich an Lieb' und Treu!
Reich. Viel hat er zurückgelegt,
Das ihm sichre Zinsen trägt,
Steht sich zirka jedes Jahr
Auf sechshundert Pfunde bar.
Und die blühende Fabrik —
Anna macht das größte Glück!
Alle Jahr sechshundert Pfund!
Fenton. Bin ich erhört? O saget an!
Reich. Nein, nein! Ich hab' schon meinen Mann.
Fenton. Ach, einen treuern trefft Ihr schwerlich —
Reich. So, so? Zum Beispiel Junker Spärlich —

Fenton. Wie? Der! Um diesen Papagei
Verstoßt Ihr mich?
Reich *(ärgerlich)*. Mein Herr! Nun aber ist's vorbei!
Beschimpft mir nicht den Schwiegersohn!
Ihr kriegt sie nicht! Bleibt mir davon!
Fenton *(heftig werdend)*. So ist dies Euer letztes Wort?
Reich. Ihr kriegt sie nicht!
Fenton. So ist das Euer letztes Wort?
Reich *(kurz)*. Ergebner Diener! Ich muß fort.
Fenton *(gesteigert)*. Herr Nachbar, seid auf Eurer Hut,
Ich liebe sie, ich habe Mut!
Reich. Hoho!
Fenton. Vergebens ist all Euer Sinnen —
Reich. So?
Fenton. Die Liebe wird den Sieg gewinnen —
Reich. Wie?
Fenton. Trotz allen Euren Tyrannein
Wird Anna doch die Meine sein!
Reich *(scheinbar gutmütig)*.
Herr Nachbar! Bringt Euch nicht in Wut,
Für Euch ist Anna viel zu gut!
Was soll das törichte Beginnen?
Ich bitt' Euch, wollt Euch besinnen!
Was nützen Euch die Narretein?
Sie kann doch nie die Eure sein!
Nein, nein, nein, nein!
(Er läßt Fenton stehen und begibt sich in sein Haus.)

VERWANDLUNG

Zimmer in Fluths Hause

Im Hintergrunde zwei Türen, wovon die linke inwendig zu verriegeln und mit einem praktikablen Schlüssel zu verschließen ist. Diese führt auf den Hausflur. Zwei Seitentüren. Rechts gegen den Hintergrund steht eine spanische Wand. Links gegen den Hintergrund ist ein großer Waschkorb hingestellt. Zwischen beiden Türen des Hauptgrundes befindet sich ein zugemachter Kleiderschrank, worin mehrere Weiberröcke hängen. Im Vordergrunde links ein Tisch mit Lichtern nebst Stuhl.

FÜNFTER AUFTRITT

Frau Fluth.

Nr. 3. Rezitativ und Arie

Frau Fluth *(tritt aus der Seitentür links).*
Nun eilt herbei, Witz, heitre Laune,
Die tollsten Schwänke, List und Übermut!
Nichts sei zu arg, wenn's dazu diene,
Die Männer ohn' Erbarmen zu bestrafen!
Das ist ein Volk! — So schlecht sind sie,
Daß man sie gar genug nicht quälen kann!
Vor allem jener dicke Schlemmer,
Der uns verführen will! — Hahahaha!
Er soll es büßen!
Doch wenn er kommt — wie werd' ich mich benehmen müssen ...?
Was werd' ich sagen ... halt! Ich weiß es schon!
(Zornig.) Verführer! Warum stellt Ihr so
Der tugendsamen Gattin nach?
Warum? Verführer!
Den Frevel sollt' ich nie verzeihn,
Nein, nie!
Mein Zorn müßt' Eure Strafe sein.
Jedoch — des Weibes Herz ist schwach!
Ihr klagt so rührend Eure Pein —
Ihr seufzt — mein Herz wird weich.
Nicht länger kann ich grausam sein,
Und ich gesteh' es — schamrot — Euch ein:
Mein Ritter, ach! Ich liebe Euch!
(Sie lacht.) Hahahaha! — Er wird mir glauben!
Verstellen kann ich mich fürwahr;
Ein kühnes Wagstück ist es zwar,
Allein den Spaß kann man sich schon erlauben.

Frohsinn und Laune
Würzen das Leben,
Und zu vergeben
Ist wohl ein Scherz.
So zum Vergnügen
Darf man schon lügen,

Bleibt nur voll Liebe,
Voll Treue das Herz.
Drum voll Vertrauen
Wag' ich die Tat:
Listige Frauen,
Die wissen sich Rat!

SECHSTER AUFTRITT

Frau Reich. Frau Fluth.

Frau Reich *(tritt behutsam ein)*. Nun, Frau Gevatterin, ist alles fertig?

Frau Fluth. Ach, da seid Ihr ja schon! Das ist herrlich! Seht nur den gewaltigen Waschkorb, den ich habe hersetzen lassen.

Frau Reich *(lacht)*. Hahahaha! Und die Knechte sind bereit?

Frau Fluth. Sie warten nur auf meinen Ruf; Ihr habt doch auch das Eure getan?

Frau Reich. Wie wir verabredet haben. Ich habe an Euren Mann ein Briefchen geschickt, worin er erfährt, daß er heute in der Dämmerungsstunde bei seiner Frau einen Liebhaber ertappen könne.

Frau Fluth. Herrlich! So sollen sie beide bestraft werden; mein Mann für seine ewige Eifersucht ...

Frau Reich. Und der dicke Junker für seine Frechheit! Er wird gewiß gleich hier sein, denn die Stunde, zu der wir ihn bestellt haben, hat schon geschlagen.

Frau Fluth. So eilet fort auf Euren Posten und vergeßt Eure Rolle nicht!

Frau Reich. Seid unbesorgt! *(Sie will durch die Tür im Hintergrunde.)*

Frau Fluth. Nein, hier hinaus! *(Sie deutet auf die Seitentüre.)* Damit er Euch nicht etwa begegnet! Von jener Kammer könnt Ihr durch eine Tapetentür wieder auf den Hausflur.

Frau Reich. Ich weiß, ich weiß! Haltet Euch tapfer!

Frau Fluth. Fort, fort, ich hör' ihn schon!

Frau Reich *(geht durch die bezeichnete Tür ab).*

Frau Fluth. Nun komm, alter Sünder! Wir wollen dich Mores lehren. *(Sie setzt sich an den Tisch und tut nachdenkend.)*

SIEBENTER AUFTRITT

Frau Fluth. Falstaff, der den Riegel vor die Tür schiebt. Dann Frau Reich von außen.

Nr. 4. Finale

Falstaff *(mit Emphase).*
So hab' ich dich errungen,
Du schönster Edelstein!
Komm her und sei umschlungen,
(Stolz.) Sollst meine Lady sein!
(Er will sie umfassen.)
Ja, du sollst meine Lady sein!

Frau Fluth *(sich verschämt stellend).*
Ach, liebster Junker! Laßt mich doch...

Falstaff. Wie, schöne Frau, du zitterst noch?
Sei, Weibchen, ohne Sorgen
Und zier dich länger nicht!

Frau Fluth. So sprecht Ihr heut, doch morgen
Kennt mich der Ritter nicht.

Falstaff. So wahr ich treu und immer nüchtern...

Frau Fluth. Ich trau' Euch nicht sogleich —

Falstaff. Komm, Herzchen, sei doch nicht so schüchtern —

Frau Fluth. Ich trau' Euch nicht sogleich.
Liebt Ihr nicht auch Frau Reich?

Frau Reich *(erscheint in der Tür, horchend).*

Falstaff. Wie? Was? Jene alte Schachtel?
Das wär' mir ein Geschmack!
Die hüpft wie eine Wachtel —
(Er wiegt sich hin und her.)

Frau Reich *(droht ihm).*

Falstaff. Und schnupft dabei Tabak!
Nein, nein! Was fällt Euch ein?
Da müßt' ich wirklich närrisch sein!

Frau Reich *(verschwindet).*

F r a u F l u t h. Nun gut! Ich will dir glauben,
(Zärtlich.) Du schmucker Ritter, du!
F a l s t a f f *(plump)*. Komm, lieblichste der Tauben,
Gib meiner Seele Ruh!
F r a u R e i c h *(von außen, klopft an die verriegelte Tür)*. Frau Fluth!
F r a u F l u t h *(sich erschrocken stellend)*. Man klopft!
F r a u R e i c h. Frau Fluth! Macht auf geschwind!
F r a u F l u t h. Weh mir!
F a l s t a f f *(ängstlich und leise)*.
Was nun? Sprich, süßes Kind!
F r a u R e i c h *(klopft)*. Frau Fluth! Macht auf!
F a l s t a f f. Hilf, Himmel!
F r a u R e i c h. Geschwind!
F r a u F l u t h *(laut)*. Ja doch, gleich!
(Leise.) Hier, teurer Sir, versteckt Euch!
(Sie versteckt Falstaff hinter die Tapete.)
F r a u R e i c h *(pocht von neuem)*.
Frau Fluth! Macht auf!
F r a u F l u t h. Ja doch, gleich! *(Sie geht die Tür öffnen.)*

ACHTER AUFTRITT

Die Vorigen. Frau Reich.

F r a u F l u t h. Frau Reich, seid Ihr's?
F r a u R e i c h. Ja, ich.
F r a u F l u t h. Was bringet Ihr?
F r a u R e i c h *(atemlos)*. O weh! Ich bin ganz außer [mir!
F r a u F l u t h. Was gibt's? So sprecht!
F r a u R e i c h. Ach, Euer guter Ruf ist hin!
F r a u F l u t h *(wie zornig)*. Wieso, Frau Nachbarin?
F r a u R e i c h. Ach, Euer Mann ist toll vor Wut.
O rettet Euch, sonst fließt noch Blut!
F r a u F l u t h *(leise, aber sehr eindringlich gesprochen, nicht gesungen)*.
Sprich lauter! *(Laut, singt.)* Gott! Was will er nur?
F r a u R e i c h *(sehr laut)*.
Er schreit, er sei Euch auf der Spur,
Ihr hättet Euren Liebsten hier ...

Frau Fluth. Ich bin verloren! Ratet mir!
Frau Reich. Unglückliche! So wär' es doch ...
Frau Fluth *(weinerlich).*
Ach ja — es ist — *(Leise, gesprochen.)* Sprich lauter noch!
Frau Reich *(schreiend).* Ihr seid verloren, alle zwei!
Halb Windsor führt er schon herbei,
Und findet er den andern noch,
Sticht er ihn tot!
Frau Fluth *(verzweifelnd).* So helft mir doch!
Frau Reich *(nach einigem Nachsinnen).*
Seht, da steht ein Korb, just nicht zu klein,
Wir stecken da den Mann hinein.
Frau Fluth. Wie? Da hinein?
Frau Reich. Nur so entgeht er dem Geschick.
Frau Fluth. Ach Gott! Er ist ja viel zu dick!
Falstaff *(kommt hervor).* Laßt sehn den Korb geschwind!
Laßt sehn geschwind!
Frau Reich *(sich erstaunt stellend).*
Wie! Ritter John?
Falstaff *(ängstlich).* Ja, süßes Kind!
Frau Reich.
Wie? Ihr seid's, der mir ein Briefchen schrieb?
Falstaff *(macht Anstrengungen, um in den Korb zu steigen).*
Frau Fluth *(nimmt mehrere Weiberröcke aus dem Kleiderschranke).*
Falstaff. Ach ja, ich bin's, ich hab' dich lieb.
Ich will ja gern dein Ritter sein —
Frau Fluth *(beiseite, lachend).* Hahahaha.
Falstaff. Nur hilf mir in den Korb hinein!
(Er steigt hinein.) Ich will — ich muß — hinein!
Frau Reich *(hilft ihm).* Es geht — so, so — hinein.
Frau Fluth *(einen Weiberrock über ihn deckend).*
Geschwind, geschwind!
Falstaff. O süße Fluth!
Frau Reich *(deckt auch einen Rock über ihn).*
Geschwind, geschwind!
Falstaff. O teure Reich! Ich lie —
Beide Frauen *(ihn unterduckend).* Hinein, hinein!
Und schweigt! Haha!

Nun, lieber Junker, freuet Euch!
F a l s t a f f *(noch einmal hervorguckend).*
Ich liebe Euch!
(Er verschwindet unter der Wäsche.)
B e i d e F r a u e n. Hinein!
Nun, lieber Junker, freuet Euch!
F r a u F l u t h *(hinausrufend).* He, Knechte!

NEUNTER AUFTRITT

Die Vorigen. Zwei Knechte mit Tragstangen.

F r a u F l u t h. Nehmt die Wäsche dort
Und tragt sie auf die Bleiche fort.
Da schüttet's in den Graben gleich!
Versteht ihr?
F r a u R e i c h. Ihr schüttet's in den Graben gleich!
B e i d e. Hahahaha! Nun, lieber Junker, freuet Euch!
D i e K n e c h t e *(sind im Begriff, den Korb auf die Schultern zu heben).*

ZEHNTER AUFTRITT

Die Vorigen. Herr Fluth. Herr Reich. Dr. Cajus. Junker Spärlich. Bürger. Frauen.

F l u t h *(wütend).* Herein, herein! Kommt all' herein!
Ihr alle sollt zugegen sein!
He, Knechte, halt! Wo wollt ihr hin?
F r a u F l u t h. Fort, fort, und tragt's zur Wäscherin!
D i e K n e c h t e *(tragen den Korb hinaus).*
F r a u F l u t h. Was willst du?
F l u t h. Ha, Falsche!
F r a u F l u t h. Was willst du, du eifersücht'ger Mann?
Was gehn dich meine Körbe an?
F l u t h *(sie bei der Hand nehmend).*
Falsche! Jetzt wirst du ertappt,
Du hast dich lang genug verkappt!
F r a u F l u t h. Ach, liebes Männchen!

Fluth. Schlange, fort!
Reich *(zu Fluth)*. Beruhigt Euch!
Cajus. Quel horreur!
Fluth. Kein Wort!
Hier sind die Schlüssel, kommt alle mit mir!
Wir finden ihn gewiß noch hier!
Herr *und* Frau Reich.
Herr Nachbar, nehmt Vernunft doch an!
Cajus. Il est jaloux furieusement!
Frau Fluth. Nimm Vernunft doch an!
Ach, liebster Mann ...
Alle. O weh! Welch eifersücht'ger Mann!
Fluth. Ein jedes Weib betrügt den Mann —
Spärlich *(plötzlich von anderen Gedanken ergriffen, für sich)*. O süße Anna! *(Er versinkt im Nachdenken.)*
Fluth. Und setzt ihm tücht'ge Hörner an!
Alle *(wiederholen und gehen dann in verschiedene Türen ab, bis auf Frau Fluth und Frau Reich)*.

ELFTER AUFTRITT

Frau Fluth. Frau Reich.

Frau Fluth *u.* Frau Reich *(lachend)*. Hahahaha!
Frau Reich. Geht nur!
Frau Fluth. Sucht nur!
Beide. Ist das ein Spaß!
Ist das ein königlicher Spaß!
Geht nur und suchet noch ein Weilchen!
Frau Fluth. Der Junker Falstaff schläft heut naß.
Frau Reich.
Und Nachbar Fluth kriegt auch sein Teilchen.
Frau Fluth. Doch damit ist es nicht genug,
Wir müssen ihn noch öfter prellen!
Frau Reich. Gewiß! So wollen wir ihn fein und klug
Auf morgen noch einmal bestellen.
Beide. Gewiß, ein Weib kann schlau und fein
Und doch dabei stets ehrlich sein!

ZWÖLFTER AUFTRITT

Die Vorigen. Herr Fluth. Herr Reich. Dr. Cajus. Junker Spärlich. Bürger. Frauen.

Frau Fluth. Da sind die Jäger wieder
Und haben nichts gejagt.
Frau Reich *(heimlich zu ihr).*
Nun setz dich weinend nieder
Und stell dich recht verzagt!
Fluth *(zu einigen Männern).* Nichts? . . .
Die Männer. Nichts! . . . *[fen).*
Frau Fluth *(hat sich weinend in einen Sessel gewor-*
Frau Reich *(mit Frau Fluth beschäftigt, unterstützt sie).* So sagt doch, was Euch fehlet?
Frau Fluth *(weinend).*
Ich sterb' vor Gram und Schmerz!
Frau Reich *(zu Fluth mit Vorwurf).*
Ihr habt sie so gequälet,
Das arme treue Herz!
Da schaut die Ärmste an, Tyrann!
Alle *(zu Fluth).* Tyrann, Tyrann!
Frau Fluth *(aufstehend).* Ach, ach, ach,
Ach, einst in jenen Tagen,
Wo er mir Treue schwur,
Da kannt' ich keine Klagen,
Sein Herz war Liebe nur.
Doch blinde Wut beseelet
Ihn jetzt o Pein und Not!
Der Eifersücht'ge quälet
Mich arme Frau zu Tod
Er quälet mich zu Tod! *(Sie weint.)*
Fluth. Ich kam, ein Wild zu jagen,
Und finde keine Spur.
Frau Reich. Die Eifersücht'gen plagen
Sich selbst und andre nur
Fluth. Der Teufel mußt' mich plagen —
Unglückliche Natur!
Frau Reich. Er kam, ein Wild zu jagen —
Frau Fluth *und* Frau Reich.
Und findet keine Spur.

Frau Fluth. Ach, einst in jenen Tagen usw. usw.

Fluth. Die Eifersucht beseelet
Mein Herz — o Pein und Not!
Ihr falschen Weiber quälet
Uns arme Männer tot!

Die andern. Er kam, ein Wild zu jagen,
Und findet keine Spur;
Die Eifersücht'gen plagen
Sich und die andern nur.
Oh, wie er wütet,
Er quält die Frau noch tot.
Ach, Euer Zweifel quält
Die arme Frau zu Tod.
Der Eifersücht'ge, wie er sie quälet
Und wütet ohne Not.

Fluth *(demütig)*. Verzeih, mein liebes Weibchen!
Verzeih, ein Brief vertraute mir,
Es sei der Ritter John bei dir . . .

Frau Fluth *(sich zornig stellend)*.
Wie? Was? Entsetzlich!
Abscheulicher! Ich hab' es satt,
Nicht länger will ich leiden!
Erfahren soll die ganze Stadt,
Was man mit dir für Plage hat.
Noch heut laß ich mich scheiden.

Alle. Oho!

Frau Fluth. Noch heut laß ich mich scheiden.

Alle. Tyrann! Tyrann!

Fluth. Ach, der verwünschte Brief nur hat
Verursacht all dies Leiden.
So seid doch still — nun hab' ich's satt,
So schweig doch still, ich hab' es satt,
Du schreist ja *auf* die ganze Stadt!
Das sind die Eh'standsfreuden!

Frau Fluth. Erfahren soll die ganze Stadt,
Was man mit dir für Plage hat.
Ich — laß — mich — scheiden!

Alle andern. Tyrann! Tyrann! Das alles hat
Sie unverdient zu leiden!
Erfahren soll die ganze Stadt,

Was sie mit Euch für Plage hat,
Mit Recht läßt sie sich scheiden.

ZWEITER AUFZUG

Spielt am Morgen des folgenden Tages

Gastzimmer im Gasthause zum Hosenbande

mit einer Tür im Hauptgrunde und zwei Seitentüren, wovon die rechts zu Falstaffs Zimmer führt. Im Hintergrunde eine Schenkbank mit aufgehängten bleiernen Henkelkrügen. Verschiedene Tische mit rohen Stühlen und Bänken.

ERSTER AUFTRITT*

Falstaff.

Falstaff *(tritt aus seinem Zimmer).* Kellner! Hol die Pest alle Liebesabenteuer und Weibertücken. — Wenn mich je wieder so eine Sirene verleitet, soll man mich wie einen Hasen an den Hinterbeinen beim Wildhändler aufhängen. Kellner! — Wenn Ehrlichkeit nicht vom Angesicht der Erde verschwunden ist, so bin ich ein ausgenommener Hering! — Hol die Pest alle Weiber! — Kellner!

ZWEITER AUFTRITT

Falstaff. Kellner.

Kellner *(eintretend).* Habt Ihr gerufen, Sir John?
Falstaff. Kannst du bei dem Gebrülle noch fragen,

* Im Original wird der Aufzug mit einem Sprechauftritt zwischen Fluth und dem Wirt eröffnet. Seit langem hat sich aber der nachstehende Aktbeginn herausgebildet, der auf eine Anregung des Sängers Emil Scaria (1838—1886) zurückgeht und Teile aus Shakespeares „Heinrich IV." verwendet.

harthöriger Schlingel? Ich will dir die Ohren abschneiden und sie als Delikatesse nach Konstantinopel schikken. Hol Sekt, du Schuft!

Kellner. Ja, Sir John, aber erst, wenn Ihr die alten Schulden bezahlt habt.

Falstaff. Schulden bezahlen, das tue ich nie, das ist doppelte Arbeit. Wer Schulden bezahlt, dem sollte man mit einer Wagendeichsel einen Nasenstüber geben. Jetzt, Sklave, gehorche oder ich lasse die Klinge auf deinem Rücken tanzen, daß du glauben sollst, es sei des Teufels Fiedelbogen und du die Geige dazu. — Kerl, schaffe Sekt oder ich verdurste, ich verschmachte, ich schrumpfe zusammen wie ein gebratener Apfel und werde melancholisch wie ein Affenpintscher, hol Sekt, süßer Knabe!

Kellner. Nein!

Falstaff. Du Schuft, hole Sekt oder ich prügle dich in einen Flaschenhals hinein.

Kellner. Hört auf, Sir John, ich will noch welchen holen. *(Er geht ab.)*

Falstaff *(allein).* Oh, was habe ich erleben müssen, mich, den ehrenwerten Sir John Falstaff, auf die Bleiche tragen und in den Schlamm ausschütten wie einen elenden Lappen! Wasser, abscheuliches Wasser strömte mir in meine Gurgel. Oh, es war entsetzlich! Ich wäre ertrunken, wäre das Ufer nicht so seicht und sandig gewesen. Wasser trinken! Brrr! Das schwellt den Menschen auf, und was für eine Figur wäre aus mir geworden, wenn ich noch in Schwellung geraten wäre!

Kellner *(bringt Sekt und geht wieder).*

Falstaff *(setzt sich und greift nach der Kanne).* Komm her, alte Freundin, und mache mich die fürchterliche Strapaze vergessen! *(Er schenkt ein und trinkt.)* Was aber werd' ich nun unternehmen? Ich *muß* Künste ersinnen, ich *muß* mein Glück verbessern! — Mit jenen schmucken Weibchen wäre das herrlich gegangen, denn beide haben steinreiche Männer und führen die Schlüssel zu den Geldkästen. Die sollten *meine* Schätze werden, und ich wollte sie *brand-*

schatzen! — Aber nun? *(Er sinnt nach. — Der Kellner tritt ein mit einem Brief.)*

K e l l n e r. Hier, Sir John, bringe ich Euch ein Briefchen, das eine Frauensperson soeben abgegeben hat.

F a l s t a f f. Gib her! *(Der Kellner bleibt neugierig stehen; Falstaff fährt ihn an, worauf er erschrocken hinter die Schenkbank läuft, wo er sich zu schaffen macht. Falstaff öffnet den Brief.)* Wie? Von Frau Fluth? *(Ärgerlich.)* Ach was! Ich habe ihretwegen den ganzen Bauch voll Flut bekommen! Aber laß doch sehen! *(Er liest mit Mühe.)* „Ich bin untröstlich über Euren gestrigen Unfall! Doch seid verschwiegen und kommt heute wieder. Um neun Uhr geht mein Mann zur Vogelbeize fort und dann ..." *(In Ekstase.)* Ha, siehst du nun, alter Hans?! Nur immer vorwärts! Schielen sie noch nach dir? Das verdankst du deiner wackern Figur, die du mehr in Ehren halten solltest, als du bisher getan hast! Vorwärts drauf! Die Weiber sollen meine Taschen wieder füllen.

S t i m m e n v o n a u ß e n. Heda! Sekt her! Kellner!

DRITTER AUFTRITT

Falstaff. Bürger, zur Vogelbeize gerüstet. Kellner.

K e l l n e r. Ha, da kommen schon die Herren Bürger zum Morgentrunk. Guten Morgen, verehrte Herren!

E r s t e r B ü r g e r. Mach fort und bring uns eine Kanne guten Sekt!

K e l l n e r. Sogleich, ihr Herren!

F a l s t a f f. He, Robert, eine frische Kanne! *(Sie wird ihm gebracht.)*

E r s t e r B ü r g e r *(zum zweiten).* Ach, da sitzt ja der dicke Sir John, wegen dem Fluth gestern unnützerweise den tollen Spektakel machte. Wir wollen ihn anreden. *(Er tritt zu Falstaff.)* Ei, Herr Ritter, es freut mich, Euch wohlauf zu sehen.

F a l s t a f f. Gleichfalls, gleichfalls! Tausend, ihr seid ja ordentlich ausgerüstet! Wo wollt ihr denn heut schon so früh hin?

Zweiter Bürger *(hinzutretend)*. Wir ziehen heute früh alle auf die Vogelbeiz.

Mehrere Bürger. Wir auch!

Falstaff. Ach so! Und wollt ihr euch wohl zuvor mit einem guten Glas Sekt die Augen klar waschen? Na, da tut ihr recht, Jungens, denn Trinken, das hält den ganzen Menschen zusammen. — Na, auf gute Jagd! *(Er nimmt seinen Humpen.)*

Die beiden Bürger *(ihre Becher ergreifend)*. Euer Wohlsein, Sir John!

Falstaff. Aber brav ausgeleert, ihr Maikäfer! *(Verächtlich.)* Ihr habt ja so nur Nußschalen zu Bechern!

Erster Bürger. Hoho, Sir John! Was Ihr vertragt, das kann ich auch noch prästieren!

Zweiter Bürger. Ich auch! — Drauf wollt ich wetten!

Falstaff *(aufstehend)*. So? — Meint ihr? — Also wer von uns am meisten trinkt, geht bei der Zeche umsonst aus!

Die beiden Bürger. Es gilt! Es gilt!

Falstaff *(beiseite)*. Na wartet, das soll euch schlecht bekommen! *(Laut.)* Vorwärts also! Die *ganze Kanne* genommen, wie ich, und *auf einmal* ausgesogen!

Die beiden Bürger *(holen ihre Kannen. Die andern treten mit herzu)*.

Falstaff *(seine Kanne in der Hand)*. Der Wein soll leben.

Alle. Hoch!

(Die andern trinken aus Bechern. Falstaff und die beiden Bürger leeren auf einen langen Zug ihre ganzen Kannen und machen die Nagelprobe. Der Kellner steht schon mit frischgefüllten Kannen bereit.)

Falstaff. Bravo! Na, ihr habt einen ganz passablen Zug! Wenn er nur aushaltig ist! — Wir werden ja sehen! — Ihr könnt doch noch?

Erster Bürger *(zum zweiten leise)*. Kannst du noch?

Zweiter Bürger *(bedenklich)*. Ich will's versuchen.

Erster Bürger *(zu Falstaff)*. Ja, ja, wir können noch!

Falstaff. Also zum zweiten Gang! *(Sie tauchen die ausgetrunkenen Kannen gegen die frischgefüllten um.)* Nun aber ein lustiges Lied dazu, damit das Turnier ordentlich im Takt geschlagen werden kann!

Nr. 5. Lied

I.

Falstaff. Als Büblein klein an der Mutter Brust,
Hop heisa bei Regen und Wind,
Da war der Sekt schon meine Lust,
Denn der Regen, der regnet jeglichen Tag.
Komm, braune Hanne, her,
Reich mir die Kanne her,
Füll mir den Schlauch!
Lösch mir der Kehle Brand,
Trinken ist keine Schand',
Bacchus trank auch, ja,
Bacchus trank auch.
(Er spricht.) Nun! in Positur!
(Gesungen.) Haltet euch bereit!
Chor. Bereit!
Falstaff. Macht die Kehlen weit!
Chor. Weit!
Falstaff. Eins — zwei — und —
Chor. Drei!
Falstaff *und* die zwei Bürger *(trinken).*
Chor. Bravo!
(Falstaff und der erste Bürger haben ausgetrunken, machen eine Nagelprobe und geben ihre Kannen an den hinter ihnen stehenden Kellner. Der zweite Bürger kann aber mit seinem Zuge nicht fertig werden, schluckt mehrmals, fängt an zu wanken und läßt endlich die Hand mit dem Kruge sinken, aus dem noch ein Rest Wein fließt.)

(Gesprochen.)

Zweiter Bürger. Es geht — nicht mehr! ...
Einige Bürger *(unterstützen ihn).*
Falstaff. Was sehe ich? Mann, erhole dich! — Wahrhaftig, der Kerl ist schon hin! Tragt ihn hinaus und legt ihn auf den Rasen!

Einige Bürger *(tragen den zweiten Bürger hinaus und singen dazu):*

Sie trugen einen hin, der trank,
Bis daß vom Wein er niedersank.
Gott Bacchus geb ihm sanfte Ruh!
Schlaf aus, du armer Zecher, du!

Falstaff *(spricht).* Nun, der hat für heute genug! *(Zum ersten Bürger.)* Und du, mein Freund, es kommt mir vor, als wolltest du auch etwas wacklig werden! Kannst du noch?

Erster Bürger *(sehr heiter).* Ja, ich kann noch!

Falstaff. Das ist brav! Wohlan denn, noch eine Kanne! Ich wollte, du hieltest noch *lange* Stich, denn was *mich* betrifft, mein Freund, siehst du ... *(auf seinen Bauch deutend),* da drin haben noch *viele* Kannen Platz!

Beide *(haben unterdessen schon zwei frische Kannen genommen).*

II.

Falstaff *(singt).*

Und als ich vertreten die Kinderschuh',
Hop heisa bei Regen und Wind,
Da schlossen die Mädel sich vor mir zu,
Denn der Regen, der regnet jeglichen Tag.
Und ist die Tasche leer,
Und wird die Flasche leer,
Kommt Würfel raus!
Glück ist ein spröder Gast!
Wer es beim Schopfe faßt, —

Erster Bürger *(versucht mitzusingen, konfus, aber heiter).* Glück ist ein spröder Gast — Schopfe faßt —

Vierter Bürger *(zum ersten, spricht, ihn abhaltend).* So schweig doch still!

Falstaff. Führt es nach Haus, ja,
Führt es nach Haus!

Falstaff *(zum ersten Bürger, gesprochen).* Kerl, du singst ja falsch wie ein Rabe! Nun, so halt wenigstens ordentlich Takt! — In Positur!
(Gesungen.) Haltet euch bereit!

Chor. Bereit!

Falstaff. Macht die Kehlen weit!

Chor. Weit!

Falstaff. Eins — zwei — und —

Chor. Drei! *(Nach dem Trinken.)* Bravo!

Falstaff *und* der erste Bürger *(trinken aus in langem Zuge und reichen die geleerten Kannen dem Kellner zurück. Während des Trinkens schon nimmt Falstaff Würfel aus seiner Tasche und schüttelt damit. Unmittelbar nach dem Austrinken wirft er auch schon, indem er an den Tisch getreten ist und sagt).* Gut stehn sie! Seht da, Jungens! Wer hält sechs Pence?

Erster Bürger *(schon taumelnd, aber immer sehr heiter).* Ich — halte — ich — *(Er nimmt die Würfel.)* Seht da — gut steh — *(Er fällt vornüber der Länge nach um.)*

Falstaff. Gut stehn sie! — Da liegt der Tölpel! — Fort aus meinen Augen mit diesem Belege von Unmäßigkeit und Völlerei! *(Der erste Bürger wird hinausgetragen.)* Aber vergeßt nicht, daß er fünfzehn Pence an mich verloren hat, denn Spielschulden sind Ehrensachen.

Dritter Bürger *(Karikatur, hinkt, ist etwas bucklig und spricht im Diskant).* Das muß wahr sein, Sir John, Ihr seid ein gewaltiger Held, und wir gestehen Euch nach Gerechtigkeit zu, daß Ihr die Zeche gewonnen habt! Es lebe Sir John!

Alle. Er lebe!

Vierter Bürger. Doch nun müssen wir machen, daß wir fortkommen, es wird sonst zu spät zur Vogelbeiz.

Dritter Bürger. Ja, gehen wir!

Alle *(gehen ab durch die Haustür).*

Falstaff *(den Bürgern nachsehend).* Ich wünsche euch, daß ihr lauter solche Galgenvögel, wie ihr selber seid, fangen und euch untereinander die Hälse umdrehen mögt! — Ist das ein schlechtes Gesindel! — Diese Heimchen wollen mit dem alten Hans um die Wette trinken! Diese Pfennigsgurgeln! — Wenn's nur bald Zeit wäre, zu der kleinen Fluth zum Stelldichein zu gehen! — Ha, ich fühle mich so wohl, so wohl!

VIERTER AUFTRITT

Falstaff.
Der Kellner mit einer Flasche Wein und zwei Gläsern.

Kellner. Verzeiht, Sir John! Ich soll Euch hier diese Flasche echten Madeira überbringen, die Euch ein Gentleman nebst seinem besten Gruße zum Morgentrunk anbieten läßt. *(Er stellt die Flasche, die er öffnet, und die Gläser auf den Tisch.)*

Falstaff. Wer ist es denn, mein Junge?

Kellner. Ein Kavalier, der sich Sir Bach nennt. Er sitzt im andern Zimmer und läßt um die Ehre bitten, Euch aufwarten zu dürfen.

Falstaff. Bäche von solchen Quellen laß ich mir gefallen! Leite diesen Bach hierher, mein Junge.

Kellner *(geht ab in das Seitenzimmer links).*

Falstaff. Es ist doch etwas Herrliches, einen günstigen, großen Ruf wie ich zu besitzen; alle Kavaliere drängen sich zu meiner Bekanntschaft. — Ha, da kommt er schon.

FÜNFTER AUFTRITT

Falstaff. Herr Fluth, als Bach verkleidet.

Nr. 6. Rezitativ und Duett

Rezitativ

Fluth. Gott grüß Euch, Sir!
Ich bin sehr hochbeglückt, den großen, den weltberühmten Ritter
John Falstaff hier zu sehn!
(Gegenseitige Verbeugung.)

Falstaff *(geschmeichelt).* Oh! ... Ihr beschämt mich!
(Beiseite.) Ein charmanter Mann!

Fluth. Mein werter Sir, ich war so dreist,
Euch einen Morgentrunk hierher zu senden.

Falstaff. Ist's Euch genehm, so trinken wir ihn gleich.

Fluth. Von Herzen gerne!

Falstaff *(schenkt ein, sie verbeugen sich gegeneinander).*

Beide. Wohl bekomm' es Euch! *(Sie trinken.)*

Falstaff. Vortrefflich! — Doch wer seid Ihr, werter Sir?
Und was führt Euch zu mir?
Fluth. Ich heiße Bach.
Falstaff. Bach!
Fluth. Und bin ein Mann,
Der vieles durchgebracht. [gemacht.
Falstaff. Da habet Ihr, Herr Bach, es ganz wie ich
Fluth. Doch bleibt mir noch ein gutes Sümmchen übrig,
Das ich nicht schonen will bei einem Unternehmen,
Zu dem ich Euern Rat erbitten möchte.
Falstaff. Ein Abenteuer?
Fluth. Ja, so ist's — und da Ihr, teurer Sir,
Als ein galanter Kavalier bekannt,
Den jede Frau erhört, so wend' ich mich an Euch.
Erfahret denn:
(Geheimnisvoll.) ich bin verliebt zum Rasen
In eine Madame Fluth und muß die Frau besitzen,
Und wenn ich drüber sterben soll!
Falstaff *(für sich)*. Ha, alle Wetter, das wird int'res-
Der kommt in *mein* Gehege! [sant!
(Laut.) Ich kenn' sie wohl, es ist ein liebes Weibchen!
Fluth *(beiseite)*.
Du Höllenhund! *(Laut.)* Doch ist sie stets bewacht
Von ihrem eifersüchtigen Gemahl.
Kennt Ihr ihn auch?
Falstaff. Ich hab' ihn nie gesehn,
Doch sagt man allgemein, er sei ein ausgemachter Narr
Und habe sehr viel Geld.
Fluth *(beiseite)*.
Die Pest in deinen Hals! *(Laut.)* Mein teurer Sir —
Weil dieses Weibchen mich durchaus verschmäht,
So bitt' ich Euch, probiert bei ihr das Glück!
Ihr seid ein feiner, ein sehr gewandter Mann,
Dem sie gewiß nicht widerstehen kann!
Falstaff *(geschmeichelt)*. Ihr traut mir sehr viel zu —
Fluth *(beiseite)*. Ja, jede Schändlichkeit!
(Laut.) Doch damit alle Mittel zu Gebote stehn,
Erlaubet Ihr mir wohl, den Beutel Gold
Euch zur Verfügung hier zu lassen . . .
(Er legt einen Beutel mit Gold auf den Tisch.)

Falstaff *(für sich).* Nun, das wird doch ein Esel sein!
(Zu ihm.) Herr Bach! Ihr seid ein wackrer Mann!
Ich zweifle nicht, das Weibchen zu erobern.
Fluth *(heftig).*
So, glaubt Ihr? — *(Sich fassend.)* Oh, das wäre herrlich!
Falstaff. Allein, was habt denn Ihr davon,
Wenn sie mich nun erhört?
Fluth. Das ist ganz einfach. Seht,
Sie deklamieret stets von ihrer Tugend;
Doch könnt' ich vor sie treten
Mit irgendeiner sicheren Entdeckung
Vom Gegenteil, so würd' auch ich erhört.
Falstaff. Ist's weiter nichts als das? Da helf' ich Euch [sogleich!
Fluth *(beiseite).*
Ich komme um vor Wut! *(Laut.)* Wie das? Erkläret Euch!
Falstaff *(lacht).*
Hahahaha! Euch kann ich es ja sagen — so hört:
(Langsam und sehr selbstgefällig.)
Ich habe selbst seit ein'gen Tagen
Mit ihr ein zärtliches Verhältnis.
Fluth *(auffahrend).* Tod und Teufel!
Falstaff. Was sagt Ihr, Sir?
Fluth *(sich fassend).*
Ich sagt' ... ich hege keinen Zweifel
Und bin vor Freude außer mir!
Erzählt doch weiter!
Falstaff. Ich hatte gestern schon ein Stelldichein bei ihr,
Doch als wir eben im vertraulichen Gespräch,
Da kommt ihr Mann, der Narr,
Der eifersücht'ge Kerl gelaufen
Mit einem ganzen Rudel Nachbarn. Weiß der Teufel,
Woher er Wind bekommen von der Sache;
Genug — er kam und tobt' und schrie
Umher, als wär' er toll.
Fluth *(erstaunt).* Als Ihr noch da war't?
Falstaff. Nun freilich! — Doch zum Glücke
War eben eine Freundin da,
Die des Verwünschten Ankunft eilig uns verriet.
Die lieben Weibchen, sie wußten schnell zu helfen
Und sie versteckten mich in —

F l u t h. Nun?
F a l s t a f f. In einem großen Waschkorb.

Duett

F l u t h. In einem Waschkorb?
F a l s t a f f. Ja, Sir Bach, nun denkt Euch nur!
Die gewichtige Statur!
Eingepökelt lag ich drinnen,
Ganz bedeckt mit alten Linnen,
Bis der Themse schnöde Flut
Kühlte meiner Liebe Glut.
Ach, Sir Bach, bedenket nur,
Die gewichtige Statur!
F l u t h. I! Das geht mir wirklich nah!
Traurig ist, was Euch geschah.
Ihr seid herzlich zu beklagen!
Alles das habt Ihr ertragen
Um die niedliche Frau Fluth?
Ei, was doch die Liebe tut!
F a l s t a f f. Ja, denkt nur!
F l u t h. Ei, was doch die Liebe tut.
Doch da ist wohl das Verlangen
Nach dem Weibchen Euch vergangen?
F a l s t a f f. Ja beinah — denn hätt' ich Lust,
Läg' sie *heut* noch an meiner Brust.
F l u t h *(für sich)*. Himmel! Hölle! — Fassung! Ruh!
(Freundlich.) Wie? So schnell kämt Ihr dazu?
F a l s t a f f. Ja, ein Sieg ist leichte Mühe,
Wenn man so wie ich gefällt,
Und sie hat auf heute frühe
Mich schon wieder hinbestellt.
Dann wird ihr Mann, das Ungeheuer,
Auf die Vogelbeize gehn . . .
Ein Weibchen, fängt es einmal Feuer,
Bleibt nicht auf halbem Wege stehn!
Bleibt nicht so leicht auf halbem Wege stehn.
F l u t h. Nun, Ihr geht doch hin, Sir John?
F a l s t a f f *(steckt den Beutel mit Geld ein)*.
Euch zuliebe tu ich's schon.

Fluth. Tausend Dank, mein werter Sir!
(Beiseite.) Walfisch! Das bezahlst du mir!
Falstaff. Zeit ist's schon zum Stelldichein,
Und das Täubchen wird schon spähen.
Beide *(nacheinander)*. Heut wird alles besser gehen,
Und wir werden glücklich sein!
Welche Hoffnung! Welche Freude!
Nur geschwind zum Stelldichein!
Falstaff. Wie freu' ich mich, wie freu' ich mich,
Wie treibt mich das Verlangen!
Wir beide kriegen sicherlich
Das Weibchen noch zu fangen
Und drehen ihrem Ehemann
Ein paar gewalt'ge Hörner an.
Hahahahahaha!
Fluth. Ha! Wie freu' ich mich, wie freu' ich mich,
Wie treibt mich das Verlangen!
Noch heut bekomm ich sicherlich
Den saubern Herrn zu fangen;
Mit wahrer Wonne denk' ich dran,
Wenn ich dich tüchtig prügeln kann!
Hahahahahaha!
Beide. Wie freu' ich mich,
Wie treibt mich das Verlangen!
Wir beide kriegen sicherlich
Das Weibchen noch zu fangen!
Welche Hoffnung! Welche Freude!
Es ruft die Stunde schon zu ihr zum Stelldichein,
Wir werden sicher heute beide glücklich sein.
(Sie umarmen sich.)
Lebt wohl denn!
Fluth *(ihn umarmt haltend, abgewandt)*.
Recht bald durchprügl' ich dich.
Falstaff *(ebenso)*. Der Tölpel dauert mich!
Beide. Wir werden beide glücklich sein.
Die Stunde ruft zum Stelldichein,
Wir werden beide glücklich sein!
(Beide gehen ab.)

VERWANDLUNG

Garten hinter Reichs Hause, welches den Hintergrund bildet

Verschiedene Baumgruppen, wovon eine zu jeder Seite, ganz im Vordergrunde.

Nr. 7.

Szene, Romanze, Duettino und Quartettino

SECHSTER AUFTRITT

Spärlich allein.

Szene

Spärlich *(furchtsam auftretend).*
Dies ist die Stunde, wo sie oft
Im Garten promeniert,
Vielleicht treff' ich sie unverhofft,
Wenn sie vorbeispaziert.
O süße Anna!
Nein, nicht länger will ich warten,
Bestürmen muß ich heut ihr Herz!
Courage, Spärlich, sei gescheit!
Herz, klopfe nicht so sehr!
Gewiß, sie sieht dein Herzeleid,
Sie widersteht nicht mehr.
Ich höre kommen,
Das wird sie sein ...
Courage! — O Himmel, nein!
Nur schnell, husch, husch, husch, husch!
Ich krieche hinter diesen Busch.
(Er versteckt sich hinter den Baum rechts im Vordergrunde.)

SIEBENTER AUFTRITT

Spärlich versteckt. Cajus.

Cajus. Der sein die Stunde, wo sik oft
Miß Reiken promeniert,

Kann ick sie treffen unver'offt
Wenn sie vorbeipassiert.
Ick werden sagen de ma propre bouche ...

S p ä r l i c h. Er spricht von Busch — o weh, ich bin entdeckt!

C a j u s *(mit Bravour).*
Ick werden sagen: ßöne Reik!
Ick lieben gar ßu sehr!
Wo sein Rival, ick spießen gleik,
Ick swören par honneur!

Par exemple ce misérable Sperlik — wo stecken er — ick wollen ihm spießen wie eine Sperlink! *(Er zieht den Degen.)* Et ce gaillard de Fenton — ick wollen ihm ... ick wollen ihm ...

F e n t o n *(singt in der Ferne).*
Horch, die Lerche singt im Hain —

C a j u s. Ciel! Qu' entends-je?
Monsieur Fenton sein ßur Stell —
(Er steckt den Degen ein.)
Da verstecken ick mir ßnell!

(Er versteckt sich hinter einem Busch auf der entgegengesetzten Seite von Spärlich.)

ACHTER AUFTRITT

Die Vorigen. Fenton.

R o m a n z e

F e n t o n. Horch, die Lerche singt im Hain!
Lausche, Liebchen, still,
Öffne sacht dein Fensterlein,
Höre, was sie will.
Deutlich ist des Liedes Ton —
Wer da liebt, versteht ihn schon!

S p ä r l i c h *(versteckt).* Spare deiner Stimme Ton.
Anna liebt mich sicher schon!

C a j u s *(versteckt).* Tiens! — den einen hätt' ick ßon!
Ick ermorden den Patron!

(Während der Romanze und des folgenden Duettino werden Spärlich und Cajus nicht sichtbar, nur beim Ritornell, wo sie singen.)

Fenton. Höre, wie der milde Klang*,
Liebchen, sich zu dir erhebt!
Frage nicht, was der Gesang,
Teure, sehnsuchtsvoll erstrebt!
Deutlich ist des Liedes Ton,
Wer da liebt, versteht ihn schon.
Cajus *und* Spärlich *(versteckt, wie oben).*

NEUNTER AUFTRITT

Die Vorigen. Anna, aus dem Hause.

Duettino

Anna. Fenton!
Fenton *(eilt ihr entgegen).*
Mein Mädchen! Doch du hast geweint?
Anna. Ach, schwere Sorgen muß ich leiden,
Des Vaters Wort, der Mutter Wunsch
Will uns auf ewig scheiden —
Fenton. Und du? . . .
Anna. Ich habe keinen Willen . . .
Fenton. Wie? So entsagst du mir?
Weh mir! Du liebst mich nicht!
Wie soll ich das ertragen?
(Er verhüllt sein Gesicht.)
Anna *(liebevoll).* Fenton! Mein Fenton!
Kannst du zweifeln? Kannst du fragen?
Kennst du noch nicht meinen Sinn?
Muß ich dir noch einmal sagen,
Daß ich dein auf ewig bin?
Mag die Mutter mich beschwören,
Mag der Vater mich bedräun,
Dir nur soll mein Herz gehören,
Ewig bleibet Anna dein!
Fenton. O verzeih des Herzens Zagen,
Keinen Zweifel hegt mein Sinn,

* Die ersten vier Zeilen lauten in anderer Fassung:
Hörst du Philomelens Sang?
Rührt dich nicht der tiefe Schmerz?
Kehrt zum Hain sie trüb und bang,
Ach, ihr bricht das treue Herz.

Kaum kann ich das Glück ertragen,
Daß ich dir so teuer bin.
Mir nur sollst du angehören,
Ewig ganz die Meine sein.

Quartettino

Fenton. Bestürmen denn die läst'gen Freier
Dich immer noch mit Herz und Hand?
Anna. Ach, leider ja!
Fenton. Der dumme Fant,
Der Junker Spärlich, mit seinem ewigen
(Nachspottend.) „O süße Anna!"
Spärlich *(hervorguckend).* Ha, zum Geier!
Wer weiß, was er da von mir spricht!
Anna. Den hält mein Vater hoch und teuer,
Doch der bekommt mich sicher nicht!
Fenton. Und jener alberne Franzose? ...
Anna. Den wünscht die Mutter sich zum Sohn! Hahahaha!
Cajus *(hervorguckend).*
Ah! Ick verstehen quelque chose —
Ma foi! Ick müssen morden ßohn le traitre!
Fenton. Mit solchen Freiern, wie die zwei,
Wag' ich den Wettkampf ohne Scheu!
Anna. O solche Freier wie die zwei, hahahaha!
Anna, *dann* Fenton. Nur Geduld! Habe Mut,
Bis der Augenblick zu fassen.
Treue Liebe wird nicht voneinander lassen,
Alles geht noch gut!
Spärlich *(tritt unbemerkt hervor).*
Welche Pein! Welche Wut!
Nicht mehr weiß ich mich zu fassen —
Süße Anna, ach, so willst du mich verlassen!
Es ist aus mein Mut!
Cajus *(tritt unbemerkt hervor).*
Sacre Dieu, welke Wut!
Krieg ick ce monsieur zu fassen,
Sans pardon er müssen gleik sein Leben lassen,
Geben hin sein Blut!
Anna *und* Fenton *(eilen Hand in Hand ab).*
Cajus *(hervorkommend).* Ah! Ick 'ohlen ihn nock ein

und wollen ihm eine 'Erausforderung an seine Kopf werfen.

Spärlich *(ist aus seinem Versteck hervorgekrochen und im Begriff, sich fortzuschleichen).*

Cajus *(sich umkehrend, stößt auf ihn).* Ah! 'ölle und Teufel! Was maken Ihr 'ier? — Ah! Monsieur Sperlik — ick müssen Euk umbringen!

Spärlich *(entfliehend).* O süße Anna!

Cajus *(ihm nacheilend).* Wenn ick Euk treffen nock einmal in diese Garten von Miß Anna Reiken — mort de ma vie! — ick wollen sneiden ab Eure Ohren — par tous les diables!

(Seine Stimme verliert sich in der Ferne.)

VERWANDLUNG

Zimmer in Fluths Hause wie im ersten Akt *jedoch ohne Licht auf dem Tische und ohne den Korb.*

ZEHNTER AUFTRITT

Frau Fluth und Falstaff treten auf; Frau Fluth riegelt hinter sich zu.

Falstaff. Liebe Frau Fluth! Euer eigener Kummer über meinen gestrigen Unfall lindert mein ausgestandenes Leid.

Frau Fluth. Ach, Sir John! Ich bin Euch wahrlich eine Entschädigung für den Schreck schuldig, aber glaubt mir, ich selbst habe genug ausgestanden!

Falstaff. Sind wir denn jetzt vor Eurem Manne ganz sicher?

Frau Fluth. Ganz sicher. Er ist mit seinen Freunden auf der Vogelbeize.

Falstaff. Nun, das ist herrlich! — *(Er setzt sich.)* So, nun komm her, mein süßes Täubchen! *(Er will sie an sich ziehen.)*

Frau Reich *(draußen klopfend).* Heda! Ho! Frau Gevatterin Fluth!

Falstaff *(aufspringend).* Alle Teufel!

Frau Fluth. Tretet hinter die Tapete, Sir John! *(Er tut es; sie öffnet die Tür.)*

ELFTER AUFTRITT

Die Vorigen. Frau Reich.

Frau Reich. Um Gottes willen, Frau Gevatterin, Ihr habt doch nicht wieder den dicken Ritter bei Euch?

Frau Fluth. Wieso? *(Leise.)* Er steckt schon da!

Frau Reich. Euer Mann hat wieder seinen Raptus bekommen. Er weiß die Geschichte mit dem Korbe von gestern, und wer darinnen steckte; er ist eben bei uns drüben und versichert meinem Mann, Sir John sei gerade *jetzt* wieder bei Euch. Die ganze Gesellschaft hat er von der Jagd abgehalten und wird wieder Haussuchung vornehmen.

Frau Fluth. Ach, ich Unglückliche! Der Ritter ist hier!

Frau Reich. So seid ihr beide Kinder des Todes! — Schnell fort mit ihm! Gott, was das für eine Frau ist!

Frau Fluth. Wo soll er hin? Wollen wir ihn wieder in den Korb stecken?

Falstaff *(tritt hervor)*. Nein, ich will nicht wieder in den Korb! Kann ich nicht hinaus, bevor er kommt?

Frau Reich. Unmöglich, Ihr unvorsichtiger Mensch! Sie würden Euch in der Tür begegnen und umbringen.

Frau Fluth *(die indes nachgedacht)*. Wenn Ihr in Eurer *eigenen* Gestalt hinausgeht, Sir John, so seid Ihr verloren. Könnten wir ihn nicht verkleiden?

Frau Reich. Lieber Himmel, es wird nicht gehen! Kein Weiberrock ist ihm groß genug, sonst könnte er so vielleicht entkommen.

Falstaff. Liebste Engel! Denkt euch etwas aus! Besser alles versucht als ein Unglück!

Frau Fluth. Die Muhme meiner Magd, die dicke Frau aus Brentford, hat einen Rock hier ... *(Auf das Seitenzimmer rechts deutend.)*

Frau Reich. Gottlob! Der wird ihm passen! Sie ist so dick wie er. Folgt mir, Sir John!

Frau Fluth. Geschwind, geschwind, macht fort!
Falstaff. Ja, eilen wir, liebste Frau Reich!
Frau Reich *und* Falstaff *(gehen in das Nebenzimmer rechts).*
Frau Fluth. Wie nur mein Mann das alles erfahren hat? Das muß ich herausbekommen! — Nun hoffentlich trifft er ihn in diesem Aufzuge. Er kennt zwar die dicke Frau aus Brentford nicht, aber da alle Welt von ihr sagt, sie sei eine Hexe und schlechte Person, so hat er verboten, daß sie je in unser Haus komme. Findet er sie, so wird er sie wohl tüchtig durchklopfen. Hahahaha! Das wäre herrlich! Aha! Da ist er schon!

ZWÖLFTER AUFTRITT

Frau Fluth. Herr Fluth, den Degen in der Hand, verschließt hinter sich die Tür. Später zwei Knechte.

Nr. 8. Duett

Fluth. So! Jetzt hätt' ich ihn gefangen!
Frau Fluth *(betrachtet ihn ruhig. Er kommt näher).*
Fluth. In der Falle steckt er schon!
(Seine Frau bei der Hand nehmend, mit verhaltenem Ingrimm.) Gestern ist er mir entgangen —
Heute — heute —
Frau Fluth. Aber Mann!
Fluth *(zwingt sie, zu schweigen).* Heute! *(Selbstgefällig.)*
Heute kommt er nicht davon!
Frau Fluth *(ihn aufziehend).*
Hast schon wieder deine Grillen?
Fluth. Heute!
Frau Fluth. Fängt der Lärm von vorne an?
Fluth. Heute!
Frau Fluth. Hör doch auf, um Gottes willen,
Toller, eifersücht'ger Mann!
Fluth *(will in das Nebenzimmer links gehen).*
Jetzt will ich doch einmal sehen ...
Frau Fluth *(sich vor die Tür stellend).*
Keinen Schritt laß ich geschehen!
Das Durchstöbern leid' ich nicht!

F l u t h *(heftig).* Das sagst du mir ins Gesicht?
F r a u F l u t h. Ja!
F l u t h. Ungetreue! *(Er will hinein.)*
F r a u F l u t h *(hält ihn fest).* Ungeheuer!
F l u t h. So verwegen!
F r a u F l u t h. Ungeheuer! Man sollte dich in Ketten [legen, Ungeheuer!
F l u t h. Lasse mich!
F r a u F l u t h. Keinen Schritt!
F l u t h. Lasse mich! Oder ich ... ich ... *(sich losreißend)* [ich morde dich!
F r a u F l u t h *(lacht).* Hahahahaha!

F l u t h *(ihr wütend nachspottend).* Hahahahaha!
Lache nur! Du falsche Schlange,
Warte nur, es ist schon gut,
Oh, es kocht in mir schon lange,
Fühlen sollst du meine Wut!
(Schnaubend.) Du sollst sehen, was ein Mann,
Der gereizt ist, alles kann!
Höre meiner Rache Schwur ... Lache nur!
Warte nur, du falsche Schlange,
Warte nur, usw.

F r a u F l u t h. Tobe nur! Mir ist nicht bange,
Laß heraus nur deine Wut!
Hahaha! Ich kenne lange
Schon den *(hohl)* grimm'gen Herrn Fluth.
Wie die Eifersucht den Mann
Doch so ganz verwirren kann!
Oh, zu deiner Rache Schwur
Lach' ich nur!

D i e b e i d e n K n e c h t e *(kommen in diesem Augenblicke mit dem Waschkorb, in welchem Wäsche liegt, aus dem Nebenzimmer links).*
F r a u F l u t h. Oh, schön! Die kommen grad' gelegen!
F l u t h *(zu den Knechten).*
Halt! Ihr Schurken, bleibet stehen!
(Zu seiner Frau.)
Diesen Korb werd' ich besehen! ...
(Zu den Knechten.)
Stellt ihn auf die Erde nieder!
(Er läßt den Korb hinstellen.)
So!

Die Knechte *(wollen sich durch die Haupttür entfernen, an der sie, dieselbe verschlossen findend, stehenbleiben).*
Fluth *(sich zu seiner Frau kehrend).*
Warum wirst du so verlegen?
Frau Fluth. Ich?
Fluth *(ironisch).* Schickst wohl auf die Bleiche wieder?
Frau Fluth *(keck).* Nun freilich!
Fluth. Ha! Ein saubres Zeug!
Wart! Ich wasch' es dir sogleich!
(Die Knechte wieder bemerkend.)
Was steht denn ihr noch da? Maulaffen!
(Sich besinnend.)
Ja so! — die Tür hab' ich verschlossen.
Marsch, hinaus mit euch!
(Er läßt die Knechte hinaus und verschließt wieder.)
(Heroisch.) Jetzt will ich deinen saubern Junker
Ein wenig auf die Bleiche schicken!
Ja! — Bleich will ich ihn machen!
(Mit einem Ansatz stürzt er auf den Korb und beginnt die Wäsche Stück für Stück herauszureißen und umherzuwerfen.)
Heraus, heraus, du Schuft!
Ich weiß, er steckt darin!
Frau Fluth. Haha, der tolle Mann!
Wie er nur so was glauben kann!
Fluth *(zieht den Degen).* Ha, deine letzte Stunde ruft!
(Er stößt mit dem Degen in den Korb.)
Verräter! So fahr denn hin! Hin! Hin!
Frau Fluth *(lacht).*
Ganz recht, ganz recht! Stoß zu, stoß zu
Und fördre ihn zur ew'gen Ruh! Hahahahaha!
Fluth *(fühlt, daß er auf nichts gestoßen hat, und guckt in den Korb).* Und dennoch weiß ich sicherlich,
Der dicke Kerl stak gestern drinnen!
Frau Fluth *(zuckt die Achseln).*
Fluth. Hier ist er jetzt! — Wo ist er? Sprich!
Frau Fluth *(schweigt und zuckt die Achseln).*
Fluth *(sich mit Gewalt zähmend).*
Ich bitte dich! Weib, bring mich nicht von Sinnen!

F r a u F l u t h *(lacht ihm ins Gesicht).*
F l u t h. Ich find' ihn doch, den Bösewicht!
Das ganze Haus kehr' ich noch um!
(Er will in das Seitengemach rechts.)
F r a u F l u t h *(stellt sich ihm entgegen).*
Ich bin die Frau! Ich leid' es nicht!
F l u t h. Lasse mich! Zurück! Zurück, sag' ich!
Ich bring' dich um.
F r a u F l u t h. Hahahahaha!
F l u t h. Warte nur!
(Schnaubend.) Du sollst sehen, was ein Mann,
Der gereizt ist, alles kann!
Warte nur, du falsche Schlange,
Es ist schon gut!
Höre meiner Rache Schwur ...
Lache nur! Es kocht in mir schon lange.
Warte nur, lache nur!
F r a u F l u t h. Wie die Eifersucht den Mann
Doch so ganz verwirren kann!
Oh, zu deiner Rache Schwur
Lach' ich nur!
(Es wird an die Tür geklopft.)

Nr. 9. F i n a l e

F l u t h. Wer klopft?
S p ä r l i c h, C a j u s *und* R e i c h *(draußen).*
Macht auf, Herr Fluth!
Wir sind's, die Ihr bestellt.
F l u t h. Aha! Ich komme! Herein, herein!
(Er öffnet ihnen, ohne wieder zu verschließen.)

DREIZEHNTER AUFTRITT

Die Vorigen. Reich. Cajus. Spärlich.

F l u t h. O Freunde, was ich leiden muß
Von diesem ehrvergeßnen Weibe!
F r a u F l u t h *(setzt sich ruhig hin).*
R e i c h. So habt Ihr ihn gefunden, Nachbar?
F l u t h. Noch nicht! Sie widersetzt dem Suchen sich —
Allein umsonst! Die Jagd soll gleich beginnen!

Cajus *(umherblickend).*
Oh ciel! Quelle chose épouvantable!
Er 'aben ankeriktet eine ßöne ordre!
Spärlich. O süße Anna!
Fluth. Ihr habt mich gestern ausgelacht,
Drum sollt ihr heute Zeugen sein
Von meiner fürchterlichen Rache!
Frau Fluth. Nun denn, ins Himmels Namen,
Ich will nicht länger widerstreben,
Durchsuch das Haus; ich unterwerfe mich.
(Sie steht auf und ruft in die Tür rechts.)
Kommt doch heraus, Frau Nachbarin,
Und bringt die alte Frau mit!
Mein Mann will in das Zimmer gehn.
Fluth. Was für 'ne alte Frau?
Frau Fluth. Die Muhme unsrer Magd ist's,
Die dicke Frau aus Brentford.
Fluth. Die Hexe die, die Vettel?
Hab' ich ihr nicht das Haus verboten?
Frau Fluth. Ich bitte dich, mein lieber Mann!
(Wie gutmütig.) Ach, liebe Herren Nachbarn,
Laßt doch die alte Frau nicht schlagen!

VIERZEHNTER AUFTRITT

Die Vorigen. Falstaff als alte Frau gekleidet. Frau Reich.

Frau Reich. Stützt Euch, Mutter Klatsch, auf mich,
Ich geleit' Euch bis zur Tür.
Fluth. Was? Mutter Klatsche nennt sie sich? Klatsche —
Frau Fluth. Bravo!
Fluth. Klatsche geben will ich ihr!
(Zu Falstaff.) Rede Sie, was führt Sie her?
Will Sie wieder Karten schlagen? He?
Falstaff *(die Harthörige spielend, in der Fistel).*
Was sagt Ihr, Herr? Ich höre sehr schwer.
Fluth. Prophezeien? — Brieflein tragen
Und die Leute hintergehn? He?
Falstaff *(wie oben).* Ach, ich kann Euch nicht verstehn!
Fluth *(wütend).* O Hexe! Sie kann mich nicht verstehn?

(Er prügelt Falstaff.)
Hinaus, du Hexe! Du Vettel! Hinaus! Da!
Falstaff. Au! Au! Au!
Die andern Männer. Fort mit ihr! Hinaus!
Falstaff. Au! Au! Au!
Spärlich, Cajus, Reich.
Und wohl bekomm der Schmaus!
Die beiden Frauen.
Haha! Wohl bekomme dir der Schmaus!
Falstaff *(wird hinausgeprügelt).*

FÜNFZEHNTER AUFTRITT

Die Vorigen ohne Falstaff.

Fluth. So! Fortgeprügelt wär' der alte Drachen,
Nun lasset uns die Runde machen!
Und find' ich heut den Junker nicht,
So nennt mich alle einen Wicht!
Fluth, Reich *und* Spärlich.
Schärft die Augen! Spitzt die Ohren!
Wer ihn findet, halt ihn fest!
Sicher ist er heut verloren
Wenn er sich erwischen läßt.
Ha, {ich / er} weiß vor Gift und Groll
Nicht, was {ich / er} beginnen soll.
Die Frauen. Schärft die Augen! Spitzt die Ohren!
Wer ihn findet, halt ihn fest!
Lachen muß man ob des Toren,
Der so leicht sich foppen läßt.
Ha, er weiß vor Gift und Groll
Nicht, was er beginnen soll.
Cajus. Oui, ick spitzen meine Ohren!
Attention! — Ick 'alten fest!
Jedermann sein 'eut verloren,
Der von mir sick fassen läßt!
Jalousie mir macken toll,
Soll 'eraus nun meine Groll!
(Die Männer gehen eilig zu beiden Seiten ab.)

DRITTER AUFZUG

Zimmer in Reichs Hause
mit zwei Türen im Hintergrunde.

ERSTER AUFTRITT

Herr und Frau Fluth, Herr und Frau Reich und Anna sitzen an der Tafel, auf der das Mittagsbrot gemeinschaftlich verzehrt worden ist. Ein zweiter Tisch, auf dem Schreibmaterialien.

Fluth *(zu Füßen seiner Frau).* Liebster Engel, wirst du mir jemals vergeben können?

Frau Fluth. Steh auf, lieber Mann! Es ist alles vergeben und vergessen, wenn du nur nicht mehr eifersüchtig bist.

Fluth. Nie mehr!

Reich. Nun, das ist herrlich! Seht, zu dieser Aufklärung und Versöhnung habe ich euch eigentlich bei mir versammelt! Und an dich, Frau, hat der alte Sünder auch geschrieben?

Frau Reich. Ja, an uns alle beide, und zwar ganz dieselben Briefe. Da beschlossen wir, uns an ihm zu rächen und zugleich Herrn Fluth wegen seiner Eifersucht eine kleine Lektion zu geben.

Fluth. Nun, sie ist stark genug ausgefallen!

Reich. Mein' Seel', ihr Weiber! Ihr habt's gescheit gemacht! Aber nun ist es erst unsere Sache, den fetten Burschen öffentlich zu beschämen. Ihr müßt ihn noch einmal bestellen!

Fluth *(auf Frau Reich deutend).* Kein besseres Mittel gibt es als ihren Plan.

Reich. Was? Ihn um Mitternacht in den Park bestellen? Er kommt uns nimmermehr!

Frau Fluth. Sinnt *ihr* nur aus, was ihr mit ihm alles tun wollt, wenn er kommt, *wir* beid' ersinnen schon, ihn hinzuschaffen.

Frau Reich. Hört mich an.

Nr. 10. Ballade

Frau Reich.

Vom Jäger Herne die Mär ist alt,
Der jagen ging in Windsors Wald
Tagaus, tagein
In die Nacht hinein,
Tagein, tagaus
Mit Saus und Braus.

Einst hetzt' er den Hirsch mit stolzem Geweih
Mit Hussa- und mit Hallo-Geschrei;
Der floh zur heiligen Eiche,
Daß nicht der Tod ihn erreiche.

Doch jener, wild und ungeschlacht,
Gab auf kein heilig Zeichen acht:
„O Herne! Du hast ihn erschlagen,
Nun sollst du jagen und jagen!"

Vom Jäger Herne die Mär ist alt,
Der jagen muß durch Windsors Wald
Nachtaus, nachtein
Bis zum Morgenschein,
Nachtein, nachtaus
Mit Saus und Braus.

Er trägt auf der Stirn des Hirschen Geweih,
Und grausig schallt sein Hallo-Geschrei.
„O flieh die heilige Eiche,
Daß nicht der Tod dich erreiche!"

Denn schlägt die Glocke Mitternacht
Und steigt empor des Mondes Pracht,
Naht Herne mit seiner Meute,
Und alles fällt ihm zur Beute!

Reich. Gut, liebe Frau, und was gedenkst du zu tun?

Frau Reich. Falstaff soll auf unsere Einladung heute nacht als Jäger Herne erscheinen.

Die Männer. Bravo, bravo! Und dann?

Frau Fluth. Dann verkleiden wir Annchen und viele unserer Bekannten, auch die Kinder, als Geister und

Elfen und legen sie in den Hinterhalt versteckt. Wenn wir beide uns dann eben mit Falstaff zusammengefunden haben, so stürzt die ganze Rotte hervor auf ihn mit gellendem Geschrei; wir entfliehen und sie umzingeln ihn und zwicken und stechen ihn und fragen den sauberen Ritter, wie er es wagte, in solcher Verkleidung die Geister zu belauschen.

Frau Reich. Sein Aberglaube und noch mehr das böse Gewissen werden zu seinem Schreck das meiste beitragen.

Reich. Und bis er alles bekennt, kneifen und brennen sie ihn tüchtig.

Fluth. Bravo, bravo! Ich übernehme es, die ganze Rotte zusammenzubringen.

Frau Reich. Annchen soll die Rollen verteilen.

Reich. Ich selbst will mich auch verkleiden; ihr sollt euch alle wundern! Schickt ihr nur sogleich zu Falstaff.

Frau Fluth. Das sei *unsere* Sache.

Fluth. Ich gehe selbst als Bach verkleidet noch einmal zu ihm und versichere mich, daß er kommt denn seinem Busenfreunde Bach vertraut er alles!

Frau Reich *(zu den Männern)*. Und daß ihr nur nichts spart! — Die Elfen und Feen müssen *wie wirkliche Geister* leicht und luftig sein und die Täuschung so groß, daß er sich *für verzaubert* halten muß.

Frau Fluth. So kommt und laßt uns eilig alle Vorbereitungen treffen, das wird noch ein köstlicher Spaß!

Alle *(gehen ab bis auf Frau Reich und Anna)*.

ZWEITER AUFTRITT

Frau Reich. Anna.

Frau Reich. Und nun, liebes Kind, ein inhaltschweres Wort zu dir!

Anna. Was befehlt Ihr?

Frau Reich. Du weißt es, daß der Doktor Cajus dich liebt, und ich wünsche, daß er dein Gatte werde.

Anna. Ich weiß es.

Frau Reich. Der Spuk, den wir verabredet haben,

soll meinen Plan zu Ende führen, und *noch heute nacht* sollst du mit Cajus getraut werden.

Anna. Wie wäre das möglich?

Frau Reich. Du kleidest dich als *roter* Elf an; ich werde dir das Gewand bringen und Doktor Cajus davon benachrichtigen, damit er dich erkennt. Er soll auch verkleidet erscheinen und dich während des Trubels entführen. In der Kapelle im Walde wird eure Trauung sogleich vollzogen.

Anna *(freudig für sich)*. Himmel, welch ein Strahl von Hoffnung! *(Laut.)* Wenn es nur gelingt!

Frau Reich. Oh, es wird alles nach Wunsch gehen.

Anna. Nun, das Meinige will ich dazu tun und als *roter* Elf erscheinen.

Frau Reich. So ist es recht, meine Tochter! Also auf Wiedersehen — Frau Doktorin Cajus! *(Sie geht ab.)*

DRITTER AUFTRITT

Anna. Dann Herr Reich.

Anna *(ihr nachsehend)*. Nein, liebe Mutter, nie kann Anna des Cajus Frau werden, ihr Herz gehört nur Fenton! Jetzt nur schnell an den Teuren geschrieben, damit er bei dem Spuk nicht ausbleibt und die Gelegenheit benutzt. *(Sie setzt sich, um zu schreiben.)*

Reich *(tritt vorsichtig ein)*. Was schreibst du denn da, mein Töchterchen?

Anna *(erschrocken, sich aber sogleich fassend)*. Ich — ich wollte eben das Verzeichnis der Rollen für heute nacht entwerfen.

Reich. Nun, dabei wird wohl mein Plänchen, das dich betrifft, auch in Anschlag kommen. Tochter, einen Plan habe ich, einen köstlichen Plan, der mit einem Male den ewigen Streit zwischen deiner Mutter und mir, in betreff deiner Verheiratung, beendigen soll.

Anna. Laßt doch hören!

Reich. Du sollst noch heute nacht mit *Spärlich* getraut werden!

Anna *(macht eine Bewegung des Erstaunens)*.

R e i c h. Bei dem Spuk mußt du als *grüner* Elf erscheinen. Dein Gewand habe ich schon besorgt, und ich werde Spärlich davon benachrichtigen, damit er dich erkennt. In dem Trubel entführt er dich, und ihr laßt euch sofort in der Waldkapelle trauen.

A n n a. Ach, lieber Vater, so bald schon?

R e i c h *(strenge)*. Du wirst doch dein Glück nicht länger von dir stoßen? Tochter, mach mich nicht böse!

A n n a. Nein, nein, Väterchen, ich will ja gehorsam sein und tun, was Ihr begehrt.

R e i c h. So ist es recht, mein Töchterchen! Du kommst also als *grüner* Elf. Ich werde dir übrigens den Spärlich noch herschicken, damit ihr euch noch näher besprechen könnt. Also auf Wiedersehen heute nacht — als Frau Spärlich! *(Er geht ab.)*

VIERTER AUFTRITT

Anna allein.

A n n a. Einen glücklicheren Zufall konnte es nicht geben! Beide wollen einander täuschen! Das gibt mir wohl das Recht, meiner reinen, echten Liebe zu Gefallen beide auch ein wenig zu hintergehen! — Mein Plan ist fertig! Dem Cajus schicke ich das *grüne* Gewand, dem Spärlich das *rote!* So wird jeder von ihnen glauben, ich stecke in der Verkleidung. *(Sie setzt sich, den angefangenen Brief zu vollenden.)* Fenton aber muß alles erfahren, und du . . . O komm, in welcher Gestalt du willst, Geliebter! Deine Anna wird dich schon kennen!

Nr. 11. R e z i t a t i v und A r i e

A n n a *(schreibt während des Vorspiels einen Brief, beendigt und faltet ihn und steht dann auf)*.

Wohl denn, gefaßt ist der Entschluß! Nun gilt's,
Die Tat besonnen zu vollführen! Du,
Die treue Liebe schützt, o holde Fee
Titania, beschütze denn auch mich
Und leihe mir dein weißes Flügelkleid,

Um licht und leicht zum schönen Ziel zu schweben!
Nicht eine *grüne* Hülle soll mich bergen,
Auch eine *purpurrote* nicht!
Nein, *weiß* sei mein Gewand,
Der Schleier weiß und auch der Kranz,
Der seine Lilien durch die Locken schlinget.
So schweb' ich dir, Geliebter, zu,
So kennst du mich, so nahest du
Und schwörest dich auf ewig mein,
Und ich mich dein — ganz dein!

Tief in dem hohen, dunklen Wald
Winkt uns verschwiegner Aufenthalt,
Es leuchtet uns des Mondes Silberhelle
Auf stillem Pfad zur heil'gen Waldkapelle.

Und bist du dann, Geliebter, mein,
Und bin ich unauflöslich dein,
Dann reicht Verzeihung auch die Hand
Und segnet unser Band.

(Schwärmerisch.) O selige Träume,
O süßes Glück!
Ihr gaukelt so golden
Vor meinem Blick!
Die Wolken verschwinden,
Es lächelt das Blau,
Und Strahlen des Mondes
Versilbern die Au'!
Erfüllung, sie nahet
Im rosigen Glanz
Und reicht treuer Liebe
Den strahlenden Kranz!
(Sie geht ab.)

VERWANDLUNG

Der Wald bei Windsor

Nacht. Im Hintergrunde die Eiche des Jägers Herne.
Im Vordergrunde ein Jagd-Pavillon.

FÜNFTER AUFTRITT

Herr Fluth, Herr Reich, mit brennenden Fackeln, und Spärlich, als roter Elf gekleidet, kommen von der linken Seite.

Fluth. Im Pavillon werden wohl schon mehrere unserer guten Freunde versammelt sein, um den Spaß mit anzusehen. Ich denke, Elfen und Lichter sollen sich recht gut ausnehmen.

Reich *(zu Spärlich)*. Also, lieber Sohn Spärlich, bald seid Ihr nun mein Eidam. Meine Tochter erscheint *grün*, und daran könnt Ihr sie erkennen.

Spärlich. Sorgt nicht, ich habe mit der süßen Anna alles verabredet, sie sagt schnipp, und ich sage schnapp; daran erkennen wir uns, und ich entführe sie.

Reich. Nun gut! Meine Frau wird eine schöne Überraschung haben, wenn Anna sich als Frau Spärlich vorstellt!

Fluth. Gehn wir hinein, Freund Reich!

Reich. Ja, denn ich muß mich auch eilig ankleiden! Auf Wiedersehen — Schwiegersohn!

Reich *und* Fluth *(gehen in den Pavillon)*.

Spärlich *(verliert sich in den Gebüschen und seufzt im Abgehen)*. O süße Anna!

SECHSTER AUFTRITT

Frau Reich, Frau Fluth, ein Diener mit brennender Fakkel und Doktor Cajus, als grüner Elf gekleidet, kommen von der linken Seite.

Frau Fluth. Es ist bald Mitternacht, er wird ganz gewiß kommen, denn er hat alles meinem Manne, dem vermeintlichen Herrn Bach, erzählt.

Frau Reich *(zu Doktor Cajus)*. Nun, Herr Doktor Cajus, bald ist Anna Euer Weib. Sie erscheint als *roter* Elf, daran könnt Ihr sie erkennen.

Cajus. Ah, mille remercîments, Madame Reik! Oh, ick sein sehr klüklik! — Miß Anna 'aben schon mit mir verabredet; ick sagen snipp — sie sagen snapp, daran kennen wir uns und ... allons! Vite! — Au revoir, Mesdames! *(Er verliert sich in den Gebüschen links.)*

Frau Reich. Mein Mann wird schöne Augen machen, wenn er Anna als Frau Doktorin Cajus wiedersieht!

Frau Fluth. Kommt hinein, denn Falstaff kann jeden Augenblick erscheinen.

Frau Reich. Ja, kommt! *(Sie gehen in den Pavillon.)*

Nr. 12. Intermezzo*

(Während der 28 Einleitungstakte geht langsam der Mond auf.)

Chor. O süßer Mond!
O holde Nacht!
Wenn Ruhe thront,
Nur Liebe wacht.

(Man hört in der Entfernung 12 Uhr schlagen.)

SIEBENTER AUFTRITT

Falstaff als Jäger Herne verkleidet, ein Hirschgeweih auf dem Kopf.

Nr. 13. Terzettino

Falstaff. Die Glocke schlug schon Mitternacht,
Der Augenblick ist da!
O Jupiter, *(kläglich)* auch du trugst einst
Aus Liebe Hörner ja!
Und ward ein Gott, wie du, zum Stier,
Verzeiht man wohl den Hirschkopf mir!
Doch horch! — Es regt sich was im Hain ...
(Freudig.) Das wird schon meine Hirschin sein!

ACHTER AUFTRITT

Falstaff. Frau Fluth. Frau Reich.

Frau Fluth. Pst, pst! Sir John!
Frau Reich. Pst, pst! Sir John!

* Dieses Stück wird gewöhnlich an den Beginn der Szene gestellt.

Falstaff (*brummt und wetzt sein Geweih an der Eiche*). Buh!

Frau Fluth (*spricht*). Er traut uns noch nicht. Ich muß näher zu ihm hingehen.

(*Auf ihn zugehend. Gesungen.*)
Mein schmucker Hirsch! Ich bin es ja!

Falstaff. O schlanke Hirschin! Bist du da?

Frau Reich. Pst, pst! Sir John!

Falstaff (*zu Frau Fluth*).
Nur still, nur still! Ist noch wer hier?

Frau Fluth (*Frau Reich zu ihm holend*).
Frau Reich, mein Herzchen, ist bei mir.

Frau Reich (*verschämt tuend*).
Wer könnt' Euch, Junker, widerstehn?
Ich mußte mit der Freundin gehn!

Falstaff (*jede unter einen Arm nehmend*).
Nun mag es blitzen und krachen,
Nun mag es Schwefel regnen und Pech,
Hier will ich mein Nest mir machen!
(*Erst zur einen, dann zur andern.*)
Hier bringt keiner mich hinweg!
(*Alle drei seufzen zärtlich.*) Ach! Ach!

Beide Frauen.
Doch sag uns erst, du schlimmer Mann,
Ob man dir auch vertrauen kann?

Falstaff. Zerteilt mein Herz in Stücken,
Ich lieb' euch alle zwei!
Und euern Männern schicken
Wir dieses Hirschgeweih!
(*Zärtlich.*) So kommt!

Die Frauen. Ach! ...

Frau Fluth. Du reizend liebes Schätzchen!

Frau Reich. Wenn uns nur niemand stört!

Falstaff. Kommt mit, ich weiß ein Plätzchen,
Wo uns kein Lauscher hört.

Alle drei. {Du / Ihr} reizend {liebes / liebe} Schätzchen!
Auf daß uns niemand stört,
Kommt, suchen wir ein Plätzchen,
Wo uns kein Lauscher hört!

Die Frauen. Ach, Sir John,
Wer könnt' Euch widerstehn!

Alle drei. {Du / Ihr} reizend {liebes / liebe} Schätzchen! usw.

Falstaff *(ist im Begriff, die Frauen fortzuführen, als hinter der Szene verworrenes Geschrei sich hören läßt).*

Die Frauen. O Himmel! Welch ein Lärmen dort...
Fort, fort!

(Sie drehen Falstaff einigemal herum und laufen fort. Die Szene füllt sich mit vielen Elfen und Geistern. Alles ist plötzlich ganz erhellt.)

Falstaff. O weh! Das sind die Feen!
Es ist um mich geschehn!

(Er taumelt und fällt hinter der Eiche nieder.)

NEUNTER AUFTRITT

Elfen und Geister. Falstaff versteckt.

Nr. 14. Chor und Tanz der Elfen

Ihr Elfen, weiß und rot und grau,
Schwärmt lustig in des Mondes Tau,
Durchstreift den Wald die Kreuz und Quer
Und führt den Reigen ringsumher!
Ihr Elfen, weiß und rot und grau,
Schwärmt lustig in des Mondes Tau!

ZEHNTER AUFTRITT

Die Vorigen. Anna als Titania gekleidet. Gefolge.

Anna [Titania].
Die Menschheit schläft — kein Auge kann uns sehn,
So laßt auf duft'gen Blumen uns ergehn,
Laßt lauschen uns der Nachtigallen Ton,
O komm zu mir, mein teurer Oberon!

Chor. Die Menschheit schläft.

ELFTER AUFTRITT

Die Vorigen. Fenton als Oberon gekleidet.

Fenton [Oberon].
Was feindlich uns getrennt, ist überwunden,
Auf ewig hält die Liebe uns verbunden,
Wir sind versöhnt, die süße Stund' ist da,
Und wieder mein ist nun Titania!
Beide. Wir sind versöhnt usw.
Elfen. Sie sind versöhnt usw.
Anna *und* Fenton *(gehen Hand in Hand ab).*
Elfen. Und wieder nun im luft'gen Kranz
Schwingt Euch zum muntern Elfentanz,
Durch Busch und Strauch, durch Blum' und Dorn!
Komm, Jäger Herne, blas ins Horn!

ZWÖLFTER AUFTRITT

Die Vorigen. Herr Reich als Jäger Herne. Jäger. Gestalten.

Reich [Herne] *(setzt das Horn an, er macht Anstrengung zu blasen, aber der Ton versagt ihm).*
Elfen. So blase doch!
Reich [Herne] *(setzt wieder an, es versagt ihm nochmals).*
Elfen. Du schweigst? So blase doch!
Reich [Herne]. Das Horn versaget mir:
Es ist ein Mensch verborgen hier!
Ganzer Chor.
Ein Mensch! Ein Mensch! Verräterei!
Auf! Sucht ihn, schleppt ihn schnell herbei!
(Sie suchen und springen umher und finden Falstaff hinter der Eiche liegen, den sie hervorziehen; er fällt in die Knie vor Herne.)
Wir haben ihn! Da ist er schon!
Schau, Herne, hier dein Konterfei!
Hahahaha! Dein Konterfei!
Reich [Herne]. Was trieb dich, frecher Menschensohn,
Zu dieser schnöden Mummerei?
Belauscht hast du die Geisterschar,
Verdient hast du den Tod fürwahr!

Falstaff *(fällt der Länge nach zur Erde).*

Reich [Herne]. Mücken! — Wespen! — Fliegenchor!
Fliegt herbei und quält den Tor,
Bis er eingestanden hat,
Was ihn trieb zu dem Verrat!

DREIZEHNTER AUFTRITT

Die Vorigen. Insektenchor. Dann weitere Geister.

Tänzerinnen *(mit silbernen Pfeilen und Flügeln, Mücken, Fliegen, Wespen vorstellend, tanzen um Falstaff und stechen ihn nach Angabe der Partitur).*

Nr. 15. Mückentanz

Elfen. Mücken, Wespen, Fliegenchor,
Fliegt herbei und quält den Tor!
Spitzt die Rüssel! Stecht nur zu!
Laßt ihm nimmer Rast noch Ruh!

Reich [Herne]. Stecht!

Elfen. Stecht!

Falstaff. Ah!

Alle. Hahahaha! — Stecht!

Falstaff. Ah!

Alle. Hahahaha! — Stich!

Falstaff. Ah!

(Während des Tanzes kommen Cajus als grüner und Spärlich als roter Elf von verschiedenen Seiten.)

Cajus. Ah! Ah! Die rote Elfe dort
Sein Miß Anna, 'alten Wort!

Spärlich. Grüner Elfe winkt mir zu,
Süße Anna, das bist du!

Cajus *(nähert sich Spärlich).* Sie nahen sick ßon!

Spärlich *(nähert sich Cajus).* O süße Anna!

Cajus *(zu Spärlich).* „Snipp!"

Spärlich *(zu Cajus).* „Schnapp!"

Beide *(laufen Hand in Hand miteinander fort).*

Nr. 16. Allgemeiner Tanz und Chor

Reich [Herne]. Er gesteht noch immer nicht.
Warte nur, verstockter Wicht!

Auf! Ihr Geister groß und klein!
Stürmet alle auf ihn ein!

(Eine Menge Masken und Geister, Gnomen, Kobolde, Salamander usw. stürmen herein und umkreisen Falstaff in wilden Sprüngen. Die Salamander brennen, die Kobolde zwicken ihn. Die Elfen und Mücken mischen sich auch in diesen Tanz, die letzteren stechen ihn manchmal. Alle insgesamt quälen ihn auf verschiedene Weise.)

Ganzer Chor. Faßt ihn, Geister, nach der Reih'
Und straft ihn für die Büberei,
Zwickt ihn, sengt ihn, laßt ihn drehn,
Bis daß die Sinne ihm vergehn!
Wer die Grube will andern graben,
Oftmals fällt er selber hinein.
Willst du Weiber zum besten haben,
Dann mußt du wahrlich pfiffiger sein!
Faßt ihn Geister usw.
Missetäter,
Hochverräter!
Deine Stunde hat geschlagen!
Solche Kniffe,
Solche Pfiffe
Sollst du nimmer wieder wagen!
Briefe schreiben,
Unfug treiben!
Strafen woll'n wir dein Betragen,
Her dein Leben
Mußt du geben,
Wenn du nicht bereust!
Heisa! Missetäter!
Hochverräter! Missetäter!

Falstaff *(springt auf, wirft sein Hirschgeweih fort und will in den Pavillon stürzen).*

VIERZEHNTER AUFTRITT

Die Vorigen. Herr und Frau Fluth. Frau Reich. Bürger.

Herr Fluth, Frau Fluth, Frau Reich. Halt, Verräter!

Falstaff *(auf den Knien).* Barmherzigkeit!

Reich *(der das Hirschgeweih abgelegt hat, ihn aufhebend).* Nein, mein dicker Junker, so entkommt Ihr uns nicht! Wir haben Euch ertappt! *(Ihn foppend).* He? Herr Jäger Herne! Ist das Eure letzte Kunst?

Frau Reich *(sich Falstaff vorstellend).* Nun, Herr Ritter, wie gefallen Euch Windsors Weiber? *(Zu Reich.)* Lieber Mann, sag ihm doch, er möchte sich seine Hörner wieder aufsetzen, die ihm so gut stehen und die er für dich bestimmt hatte. *(Falstaff auslachend.)* Hahahaha!

Fluth *(sich vor Falstaff hinstellend).* Sir John! Hier ist Herr Bach — und dies *(Frau Fluth bei der Hand nehmend)* ist die Frau des Herrn Bach — und Herr Bach ist Fluth! Und, Sir John, von Herrn Fluths Eigentum habt Ihr nichts genossen als seinen Waschkorb und seine Prügel und zwanzig Pfund in Gold, und die müssen an Herrn Bach zurückgezahlt werden. *(Ihn auslachend.)* Hahaha!

Frau Fluth. Ach, Sir John, es ist uns recht unglücklich gegangen, wir konnten gar nicht zusammenkommen!

Falstaff. Ich fange an zu merken, daß man einen Esel aus mir gemacht hat.

Frau Reich. Ja, Sir John, glaubtet Ihr denn, daß der Teufel selbst Euch für uns reizend gemacht hätte? Solch einen Wulst von Mann!

Frau Fluth. Solch einen Wurstberg!

Frau Reich. Solch einen Wollsack!

Falstaff. Hört auf, hört auf! Ich gebe mich gefangen! Macht mit mir, was ihr wollt!

Reich. Nun genug der Strafe, und alles sei im guten beigelegt. — Seid wieder guter Dinge, Sir John, und kommt mit uns in mein Haus, da sollt Ihr einen tüchtigen Nachttrunk zu Euch nehmen und sollt meine Frau auslachen helfen, die jetzt über Euch lacht. Sagt ihr doch, Herr Spärlich habe heute nacht ihre Tochter geheiratet.

Frau Reich. Die Doktoren bezweifeln es noch! Wenn Anna Reich meine Tochter ist, so ist sie jetzt schon Frau Doktorin Cajus.

Reich. Wieso? Was meinst du damit?

FÜNFZEHNTER AUFTRITT

Die Vorigen.

Cajus, Spärlich, die Hand in Hand gelaufen kommen.

Spärlich. He, holla! Vater Reich!

Cajus. 'e 'olla! Wo sein Madame Reike? — Pardieu! Ick sein kefführt an! Ick 'aben ke'eiratet un garçon! Es sein nickt Miß Anna diese rote Elf, es sein ce Sperlick — mort de ma vie, je suis furieux!

Reich. Nun, das ist spaßig genug! Aber wo ist denn nun Anna?

SECHZEHNTER AUFTRITT

Die Vorigen. Anna. Fenton.

Anna *(niederkniend)*. Verzeihung, lieber Vater, liebe Mutter!

Reich. Ach, du gottloses Kind!

Frau Reich. Du ungeratenes Mädchen!

Fenton. O seid gut! *(Anna aufhebend.)* Soeben haben wir vor dem Altar den Schwur ewiger Liebe und Treue abgelegt.

Reich. Was ist zu tun? Tröstet Euch, lieber Spärlich. Fenton, nimm meinen Segen und mache mein Kind glücklich!

Fenton *und* Anna. Dank, teurer Vater!

Spärlich. O süße Anna! *(Er geht langsam ab.)*

Frau Reich *(hat unterdessen mit Doktor Cajus gesprochen).* Ja, das ist nun nicht mehr zu ändern, und Ihr müßt Euch drein finden, Herr Doktor. *(Zu Fenton und Anna.)* Seid glücklich und empfangt auch meinen Segen!

Fenton *und* Anna. O beste Mutter!

Cajus. Sacre Dieu! Ick werden 'erausfordern diese jonge E'emann und werden ihn stecken tot! *(Er läuft fort.)*

Frau Fluth. Nun, Sir John, laßt uns Frieden machen *(sie gibt ihm freundlich die Hand)* und kommt, Ihr sollt zu Ännchens Hochzeitsfeier Eure Leiden bei einer *Flut* von Sekt vergessen.

Nr. 17. Finale (Terzettino)

Anna. Frau Fluth. Frau Reich.

So hat denn der Schwank der fröhlichen Nacht
Vereinet auf immer der Liebenden Hände.
Wohlauf nun zur Hochzeit, getanzt und gelacht,
Daß alles in Freude und Heiterkeit ende!
Wohlauf!

Frau Fluth *(mit schelmischem Drohen).* Sir John!
Die Frauen *(ziehen Falstaff in den Vordergrund).*
Alle drei. Sir John!
Falstaff. O weh!
Die Frauen. Wir sind an Gnaden reich.
Wir verzeihen!
Falstaff. Danke! — Danke!
Die Frauen *(zu allen andern).*
Und wir danken euch allen! Ach!
(Zum Publikum.)
Verzeihet auch ihr, und hätten euch
Die lustigen Weiber gefallen!
Alle. Verzeihet auch ihr, und hätten euch
Die lustigen Weiber gefallen!